컴퓨터, IT and AI

소프트웨어 계열
진로진학
끝 판 왕

컴퓨터, IT and AI

소프트웨어 계열
진로진학
끝 판 왕

기획 정동완 | 저자 안샛별, 이동준, 김원우, 박상범, 서정민, 이성훈

머리글

초연결, 초지능의 4차 산업혁명 기술로 인한 사회의 변화와 인공지능 기술의 발전은 모두 소프트웨어를 기반으로 합니다. 과거에는 기본적인 학습 능력으로 3R[1]을 꼽았지만, 이제는 프로그래밍(pRograming)을 포함한 4R, 인공지능과의 협업(cooperRation)까지 넣어 5R을 핵심 역량이라고 말하기도 합니다.

이제 소프트웨어는 우리의 생활 깊숙이 파고들어 있으며, 거부할 수 없는 시대의 흐름이 되고 있습니다. 우리는 이 변화를 어떻게 맞이해야 할까요? 왜 이러한 변화를 주도해나가야 할까요? 우리 학생과 자녀는 미래의 주인공입니다. 이들과 함께하는 선생님과 부모님은 현대 사회에서 미래의 주인공을 가르치고 양육하는 존재인 동시에 더불어 살아갈 동반자이기도 합니다. 즉, 우리 모두는 미래 사회의 구성원으로서 디지털, 무선 인터넷, 컴퓨터를 기반으로 구축된 사회 안의 산업, 경제, 정치 체제와 생활양식 속에서 살아갈 것입니다. 무궁무진한 데이터, 소프트웨어, 인공지능 등을 통해 정보를 알고 디지털 의사소통

---

1) 읽기(Reading), 쓰기(wRiting), 셈하기(aRithmetic)

문화를 함께 누리므로 함께 미래를 바라보고 준비해야 합니다.

 이 책의 1장에서 미래 사회 패러다임의 변화와 우리가 준비해야 할 부분에 대해 살펴보겠습니다. 이미 우리 삶에 깊숙이 들어 온 AI의 원동력이 되는 SW의 중요성을 파악하고 이를 다루기 위해 갖추어야 할 역량을 살펴볼 수 있을 것입니다.

 2장에서는 대학의 변화와 함께 이에 대비하기 위한 전반적인 내용을 설명합니다. 많은 학생과 학부모님이 입시 제도에 익숙하지 않아서 무엇을 어떻게 대비해야 할지 어려움이 많습니다. 대학 입시에서 평가하는 요소와 대비하기 위한 내용, 특히 SW 역량과 관련이 깊은 학생부 종합 전형과 특기자 전형에 대해 다루었습니다.

 3장과 4장은 SW 다가가기와 SW 시작하기로 구성되어 있습니다. SW 공부가 막막한 독자분에게 어떤 공부를 해야 할지, 어떻게 시작할지 등 다양한 방법을 안내하려 애썼습니다. 교육용 프로그래밍 언어나 교구들을 소개하고 자기 주도적으로 동아리를 구성하여 탐구하는 활동 사례도 제안합니다. 여러분의 목표와 실력을 고려하여 알맞은 것을 선택한 후에 실습해보면 도움이 될 것입니다.

 5장에서는 꿈을 만나고 도전하는 과정에 중요한 역량을 소개하고 있습니다. 앞에서 다양한 활동 위주라면 여기서는 그 활동이 어떤 점에서 의미가 있는지를 설명합니다. 개별적인 활동을 융합하여 더 큰 미래를 바라보도록 도와줄 것입니다.

 마지막으로 6장에는 SW 관련 분야를 전공한 대학생과 SW 개발자 등 다양한 인터뷰가 실려 있습니다. 현재 대학에 재학 중인 학생 인터뷰에서는 입시 준비를 잘하는 노하우 뿐만 아니라 자신의 꿈을 어떻게 찾아가는지 그 과정을 생생하게 전해줄 것입니다. 또한 IT 주니어 개발자와 시니어 개발자들의 이야기를 통해 실제 진로 준비 과정과 현재의 모습을 안내합니다.

 이 책을 살펴보는 여러분에게 말씀드립니다. 책에서 소개하는 활동은 예시나 가이드일 뿐 유일한 정답은 아닙니다. 여러분의 흥미와 의지에 따라 그 목적을 고민하고 만들어 가는 활동은 하나하나 귀하고 그 과정 자체로 여러분만의 정답입니다. 안내된 여러 활동 중 어느 것이 자신에게 맞을지 고민하는 것만으로도 프로그래밍 언어나 SW 교구를 탐색할 기회입니다. 혹 누군가는 SW를 활용해서 구현 가능한 프로젝트에 다가갈 수 있습니다. 이럴 때 고민과 아이디어를 바탕으로 새로운 도전의 과정이 꼭 필요합니다. 완벽하지 않아도 그 고민의 과정에서 여러분이 목표하는 역량을 키울 수 있기 때문입니다.

 SW를 공부해야겠다는 마음으로 이 책을 펼치신 여러분은 이미 성장할 준비가 되었습니다. 부디 이 책이 길잡이가 되어 여러분의 배움과 성장에 작은 도움이 되기를 바랍니다.

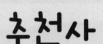

교수도, 교사도 추천하는 책!

미래로 가는 길의 출발선에서 이 책은, 꿈을 향해가는 미래 인재가 될 학생들에게는 그 길을 밝혀 주고, 교사와 예비교사에게는 그 길의 동반자가 되고, 함께 그 꿈으로 가고 있는 학부모들에게는 우리 아이에게 컴퓨팅 사고력 교육이 왜 필요한지 그 길로 인도해 준다.

장순선 교원임용 정보컴퓨터 교과교육학 교수, KOICA 한국국제협력단 교육전문가

소프트웨어와 인공지능으로 세상은 급변하고 있다. 소프트웨어에 대해 더 잘 아는 사람이 변화를 이끌고 있고 이러한 변화는 누구에게나 기회가 되었다. 스티브 잡스는 스마트폰으로 사람들의 삶을 변화시켰으며 마크 저커버그는 페이스북으로 사람들의 소통 방식을 변화시켰다. 「소프트웨어 계열 진로진학 끝판왕」은 이러한 변화를 이끌 기회가 주어진 모두에게 그 변화를 이끌기 위해서 무엇을 알아야 하는지 방향을 제시해주는 나침반이 되어줄 것이다. 막연하게 소프트웨어가 좋고 관련 일을 하고 싶은 사람들에게 어떻게 SW를 알아갈 수 있고 더 잘할 수 있는지와 대학교 입시까지 실질적인 내용을 제공한다. 코딩의 실패를 즐기는 마음으로 인문학도 함께 알 때 더 좋은 시너지를 얻을 수 있다는 책의 말에 공감하며 이 책을 추천한다.

김연희 서울과학고등학교 정보 교사, 서울시교육청 SW 연수 강사

4차 산업 혁명 시대에 SW와 인공지능은 우리 아이가 살아갈 시대에 필수라고 하며 이에 대한 수많은 이야기가 떠돌고 있다. 이런 가운데 교사와 학부모 입장에서는 마음은 급한데 막상 어떻게 접근해야 하고 무엇을 준비해야 하는지 답답함을 호소하는 경우가 많다. 이 책에서는 어른이 들어도 어렵기만 한 인공지능과 빅데이터와 같은 내용을 무엇부터 어떻게 시작할지 그리고 앞으로 어떤 방향으로 나아갈지 말해주고 있다. 특히, SW 계열에 관심을 가지고 준비하고자 하는 학생과 이를 지도하고자 하는 교사와 학부모라면 꼭 한 번 읽어보라고 권하고 싶다!

박건민 대구신당초등학교 교사, SW AI교육 교사연구회 회장

청소년 시기에는 누구나 미래에 대한 불안과 막연함이 있다. 특히, 소프트웨어나 인공지능 분야는 왠지 차갑고 어렵게 느껴지기 마련이다. 이 책은 SW · AI 세상에서 망망대해에 떠 있을 나를 작은 등대가 되어 인도해주는 책으로 그 방향을 향해 열심히 헤엄을 치면 입시와 인생에도 도움이 될 것이다. 책을 펼쳐서 마음껏 상상의 나래를 펼치고 열정적으로 도전해보길 바란다.

서성원 마포고 정보교사, 인공지능 기초 교과서 저자

소프트웨어와 인공지능이라는 단어는 이제 더 이상 우리게 낯선 단어가 아닌 거 같다. 하지만 고등학생들이 소프트웨어나 인공지능에 대해 진로를 접하고, 설정하였을 때 과연 무엇을 어떻게 배우고, 준비해야 되는지에 대해서는 아직까지 막막한 것이 현실이다. 실제 정보 교사로서 현장에서 관련 학생들을 지도하는데 있어 '딱! 이거다.' 라고 안내할만한 서적이 없는 상황 속에서 「소프트웨어 계열 진로진학 끝판왕」이라는 도서는 현장에서 필요한 요소만 잘 골라내어 만든 좋은 책이라고 생각된다. 이 책을 통해 학생들이 지능정보사회를 살아나가는 데 있어 자신의 진로를 설정하고, 나아가는데 길잡이가 될 수 있을 것이라고 생각한다. 꼭 관련 진로를 선택하고자 하는 학생뿐만이 아니라 미래를 준비하는 학생들에게는 필수적이라고 생각되어 이 책을 추천한다.

설이태 서강고, AI 융합 중점고등학교 운영 교사, 국가교육과정 인공지능 기초 개발 연구원

엊그제 은행권이 인공지능(AI) 은행원 도입을 적극적으로 검토하고 있다는 기사를 접하게 되었다. 이미 우리 주변에는 다양한 분야에서 인공지능(AI) 기술이 적용되고 있지만, 인공지능(AI) 뱅커와 스마트기기가 은행원의 자리를 점점 대체하고 있는 현실에서, 우리는 미래 사회의 패러다임을 읽을 수가 있었다.

이 책은, 불확실한 미래와 빨라져만 가는 변화의 속도 위에서, '컴퓨터공학'을 전공하자 하는 학생과 학부모, 그리고 학교 현장에서 진로진학을 담당하고 있는 선생님에게 나침판 역할을 할 수 있는 책이다. '컴퓨터공학'과에 진학하고자 하는 학생들에게 진학 도우미로써 단순한 안내자 역할만 하고 있는 것이 아니라, 미래 컴퓨터공학자로서 갖추어야 할 역량과 수시에 합격할 수 있는 방법을 자세하게 안내하고 있다. 특히 SW 관련 분야를 전공하고 있는 선배들과 SW 개발자의 생생한 인터뷰를 통해서, 학생들이 자신의 적성과 진로를 진지하게 탐색해 볼 수 있도록 한 저자의 세심한 배려가 눈길을 끈다. 사람은 자신이 잘 할 수 있는 일을 찾았을 때 혼신의 힘을 기울일 수가 있다. 그것을 발견하고 매진할 때 삶의 멘토가 있다면, 그 인생은 더욱더 의미가 있고 빛이 날 것이다. 이 책은 '컴퓨터공학자'를 꿈꾸는 학생들에게 훌륭한 멘토가 되어 줄 것이다. 다가오는 입시의 문들을 두려워하지 말고, 자신감을 갖고 하나씩 하나씩 열어가길 바란다.

위정의 충현중학교 진로 교사, 「교과 세특 바이블」 등 진로진학 관련 책 다수 집필

지도와 나침반은 왜 존재할까? 배들은 바다 한가운데에서 어디로든 갈 수 있다. 한없이 자유롭지만, 망망대해는 두려움이다. 무한한 가능성을 가진 아이들은 푸른 꿈을 꾸고, 시원한 바람을 등에 지며 물살을 역동적으로 가를 것 같지만, 사실 많은 아이들은 막막한 어둠 속에 한 치 앞을 보지 못하고, 어디로 가야 할지 우왕좌왕할 뿐 단 한 발자국을 쉬이 내딛지 못한다. 소프트웨어 세상의 꿈을 꾸는 아이들에게 이 책은 꼭 필요한 지도와 나침반이다. 이 책의 6장 전문가 인터뷰에는 길이 사라진 눈밭에서 먼저 발자국을 내어 준 이들, 높이 자란 숲의 풀들을 앞서 헤치고 나가 풀독의 아픔에도 길을 만들어 내준 이들의 진심과 소중한 경험이 담겨있다. 그들의 이야기는 막연한 두려움으로 가득한 아이들

에게 진정 따뜻한 손길이 된다. 그 안내를 받아 올라선 무대에서 아이들은 꿈을 현실로 만들고 당당한 세상의 주인공이 될 것이다. 이 책은 진로라 쓰고 사랑이라 읽힌다.

이준기 외삼초등학교 교사, ebs sw 인공지능 기초 컨텐츠 강사

마음속으로 유레카를 연신 외치며 즐겁게 읽었다. 교과서에서는 미쳐 지면에 담지 못한 현실 속의 AI 사례들과 재미있는 이야기들이 있고 SW와 AI 관련 활동이 대입에 좋은 영향을 미친다는 것을 경험하면서도 명확하게 정리하지 못했던 실질적인 내용들을 다루고 있어 좋았다. 그리고 학교 현장에서 다룰 수 있는 다양한 SW와 AI 도구들이 제시되어 있고, 마지막으로 직접 만나보기 힘든 현업 전문가들의 인터뷰까지 담겨 있어서 '끝판왕'이란 단어가 아깝지 않은 구성이었다. SW와 AI를 직접적으로 가르칠 정보 교사는 물론이고 이 분야에 관심이 있는 학생들이나 학부모가 읽기에도 좋을 것 같다.

이치우 홍익대학교 사범대학 부속고등학교 정보교사, 삼성 주니어 소프트웨어 아카데미 교원연수 강사

교사로 SW와 인공지능에 관심을 가진 학생들이 자신의 진로와 꿈을 찾아갈 때 참으로 보람을 느낀다. 이 책은 SW와 AI를 가르치고 계시는 학교 선생님들의 풍부한 교육 경험이 고스란히 담겨 있다. SW와 AI 분야에서 꿈을 이루고자 하는 학생들이 이 책을 접한다면 지금 어떤 노력을 해야 하는지, 또 자신이 앞으로 어떤 길을 가게 될지, 미래는 어떤 모습일지 선명해질 것 같다. 만약 나에게 고등학생 아이가 있다면 이 책을 꼭 선물하고 싶다. 이 책은 소프트웨어와 인공지능에 관심을 가지고 진로를 희망하는 학생이 꿈을 향해 나아가는 나침반이 될 것이다.

임진숙 북삼고등학교 정보교사, 소프트웨어교육과 인공지능교육을 연구하고 가르치는 교사

시대마다 그 시대에 걸맞은 교육이 필요하다. 첨단 기술 사회인 미래사회는 스마트화된 컴퓨터와 로봇을 다룰 수 있고 데이터를 유용하게 처리할 수 있는 기술과 지식이 중요하다.

 이 책은 SW 교육의 필요성부터 SW에 접근하고 시작하는 일에 저절로 흥미를 갖게 하는 입문서인 동시에 미래사회를 대비한 40여 SW 중심대학에서 꿈을 키우기 위한 탁월한 진로진학 길잡이가 된다.

 도구로서의 SW에 접근하도록 쉽고 친절하게 안내할 뿐 아니라 컴퓨팅 사고력을 바탕으로 전문가의 인터뷰를 곁들여 읽다 보면 어느새 창의융합형 SW 인재로 발걸음을 딛고 있는 독자의 모습을 발견하게 될 것이다.

 SW에 접근을 시도하거나 SW 계열 진로를 꿈꾸는 학생들에게 이 책은 냇가의 디딤돌 같은 안내서가 된다.

장희재 김해삼방고 교사, 경남대학진학전문위원(이학박사)

2021년 가장 핫한 키워드인 AI. 그리고 전문 개발자. 이런 핫한 분야는 어떤 모습일지? 어떻게 하면 AI를 개발하는 진로로 갈 수 있을지를 알 수 있게 만들어주는 책이다. 개론으로 시작해서 진로 내비게이션을 제시하고 관련 분야의 인터뷰로 마무리되는 과정을 통해 미래 진로를 고민하는 어린이와 청소년에게 큰 방향성을 제시해 줄 수 있기에 이 책을 추천하고 싶다.

조기성 계성초등학교 교사, 스마트교육학회 회장

 아침에 잠에서 깨면 맨 먼저 스마트폰을 향해 "지금 몇 시야?", "오늘 날씨는?" 하고 물으며 하루를 시작하는 생활이 일상이 되었다. 우리가 인식하는 것보다 AI는 훨씬 더 우리 삶 속에 이미 깊숙이 들어와 있다. SW 교육이 미래의 직업을 준비하는데 중요하고, AI에 대해서도 관심을 가져야 한다는 것은 알겠는데 너무나 많이 쏟아지는 정보들 속에서 어떻게 해야 할지 갈피를 잡기 어렵다. 이 책은 이러한 상황 속에서 우리 학생들이 구체적으로 무엇을 어떻게 해야 하는지 쉬운 언어로 친절하게 안내한다. 기초지식이 없는 어떤 수준의 학생이라도, 주변의 도움 없이 혼자서도 쉽게 차근차근 따라갈 수 있게 구성되었다. 이 책의 장점은 학생들이 노력하여 만든 결과물을 어떻게 잘 가공하여 대입을 위한 도구로 사용할 수 있는지 안내를 포함하고 있다는 점이다. 마지막 장의 전문가 인터뷰는 학생들과 SW 관련 직업을 꿈꾸는 많은 이들에게 꿈과 동기를 부여해 줄 것이라 기대된다.

조미옥 천안업성고등학교 정보교사, 충남교육청 교육연구정보원 파견교사

대학생도 추천하는 책!

전 세계는 지금 SW 열풍 속에 있다. 학생들이 고등학교 졸업 후에 빠르게 변화하는 세상에 적응하기 위해서는 국어, 수학처럼 이미 자리매김한 과목과 함께 SW 역량을 기르는 것이 큰 버팀목이 되어줄 것이다. 이러한 측면에서 「소프트웨어 계열 진로진학 끝판왕」은 SW 교육을 담당하는 교사뿐만 아니라 학생들도 SW 학습의 장에 입문할 수 있도록 힘을 보태준다. 대학 입시, 인문학과의 연관성 등 고등학교 생활에 있어 궁금해할 만한 질문에 대한 답변과 실제로 SW를 공부한 학생들의 흥미로운 프로젝트들도 담겨 있어 교사와 학생 모두에게 풍부한 정보를 전달한다. 「소프트웨어 계열 진로진학 끝판왕」을 완독하고 나면 어느새 SW에 친숙해지고 경쟁력을 갖춘 자신을 발견할 수 있을 것이다.

김기남 한국과학기술원(KAIST) 전산학부 3학년

지난 몇 년간 SW 교육의 중요성이 대두되면서 다양한 교구들과 자료들이 봇물처럼 쏟아져 나왔다. 이 책은 그러한 바다에서 SW 입문자들에게 필요한 정보를 추려 길을 제시한다. 학생들에게 코딩을 시작할 수 있는 실마리를 제공하고, 다양한 교육용 코딩 자료를 제공하는 한편, 코딩 활동에 대한 의미와 목적을 부여하여 SW를 처음 접하는 학생도 코딩에 대한 거부감 없이 접할 수 있다. SW에 관심을 갖고 자신에게 필요한 진로탐색 활동을 찾는 독자에게 꼭 필요한 책이다.

김영노 울산과학기술원(UNIST) 1학년

각 분야 전문가도 추천하는 책!

미래를 보는 blue picture!!

오랜 시간 학생들의 진로와 입시에 대해 연구하는 선비같은 사람입니다. 저자가 누구보다 호기심을 가지고 노력하는 결과물들이 학생들의 진로에 도움이 될 것이라 생각하며, 그런 호기심이 자연스럽게 학생들에게 전달되어 자신의 미래 청사진을 만드는데 보탬이 되리라 생각합니다.

알파고와 5G가 가져온 software의 시대에 살고 있는 우리들은 빠른 시대 흐름과는 달리 수동적으로 산전벽해를 바라만 볼 것이 아니라 미래의 살아남을 직업군을 고민하며 준비해야만 합니다.

진로에 대해 고민하는 학생들에게 SW에 다가가는 계기가 되어 미래에 살아남는 진로를 선택할 수 있는 기회를 제공할 것입니다.

구연근 교육학박사 , 첨단영재브레인센터 PREMED EDU 대표

우리는 IT기술과 인공지능(AI), 빅데이터 기술을 다양하게 결합하여 기존의 전통적인 구조에서 디지털의 구조로 전환하는 '디지털트랜스포메이션' 시대에 살고 있다. 특히 코로나19 이후 이러한 전환 속에 비대면 산업은 급팽창하고 있고, 핵심 역할을 하는 SW(소프트웨어) 인재를 모든 분야에서 요구하고 있다. 소프트웨어정책연구소(SPRi)에 따르면 매년 1만 명 이상의 SW전공 졸업자가 배출되고 있지만, AI 개발자는 여전히 부족하고 앞으로 더 심화할 것이라 한다. 그렇다면 디지털트랜스포메이션을 주도할 인재 양성을 위해서 필요한 것은 무엇일까? 먼저 대학에서는 문·이과, 전공과 전공 간 상보적 관계를 끌어낼 수 있는 '융합교육'이 필요하다. 더욱 중요한 것은 초중고 학생들이 SW에 대한 기본적인 이해를 넓혀줄 수 있는 코딩을 비롯한 이론과 실습 등 다양한 교육과정이 학교 현장에서 이뤄져야 한다. 이 책은 바로 이러한 인공지능 기반 대전환 시대에 다양한 영역의 SW인재를 길러내기 위해 학교 현장의 선생님들과 학생을 위해 기획되었다. SW교육에 꼭 필요한 부분을 단계적으로 친절하게 안내해주고 있어서 선생님에게는 다양한 커리큘럼을 기획할 수 있고, 교육과정에 참여하는 학생에게는 관심과 흥미, 학습동기를 불러일으키는 책이다. 선생님과 학생의 책상에 한 권씩 두고 적극 활용했으면 한다.

김영호 DBpia 학술논문 이사

이 책의 5장 '컴퓨팅 사고력'을 먼저 읽은 후 앞으로 돌아가 보자.

'컴퓨팅 사고력'을 일상에 적용하려는 거듭된 시도만으로 이 책의 절반은 얻었다. 여기에 쉽게 따라할 수 있는 적절한 사례들을 학교 현장에서 적용한다면 나머지 반을 얻는 것이다.

김세형 Is You학습훈련관 대표 (네이버 통통통밴드 리더, 속초삼촌)

공교육과 사교육에서 입시를 업으로 삼았던 나로서는 학문의 추세나 유행, 또는 사회가 필요로 하는 학문의 양상, 앞으로 다가올 미래에 절실한 학문의 종류에 대하여 관심이 많다. 더불어 그런 추세에 발맞추어 각 대학에서는 수많은 학과들이 생겼다가 사라지는 명멸(明滅)을 보게 된다. 전형도 마찬가지. 갖가지 특기자 전형들이 존재한다. 최근의 대세는 무엇일까. 바로 문 · 이과 통합의 융복합 트렌드이다. 그 중심에 소프트웨어 교육, SW특기자 전형이 있다. 이번에도 저자는 사회의 흐름과 수요자의 니즈를 정확히 파악하여 책을 냈다. 언제나 그렇듯이 편하고 진솔하며 실제 진로 설계에 유용하도록 책을 만들었다. 이 여름 매우 바쁜 시기임에도 불구하고 우리에게 저자는 반드시 시간을 내 정독을 해야 하는 필독 과제를 주었다.

이만기 유웨이교육평가연구소장 겸 부사장

'네카라쿠배당토'는 (네이버·카카오·라인·쿠팡·배달의민족·당근마켓·토스)의 앞 글자를 따서 만든 신조어이며 공학계열 전공 대학생들이 가장 입사하고 싶은 IT기업들이다. 코로나19로 비대면 서비스 IT인력에 대한 수요가 기하급수적으로 늘어났을 뿐 아니라 국내 IT 시장 규모는 전년보다 4.7% 성장했으며 23조 8,000억원 규모로 전망된다. 앞으로 소프트웨어에 대한 진학정보와 진로상담은 필수이다. 이번에 출간된 「소프트웨어 계열 진로진학 끝판왕」은 이과 최상위권 학생뿐 아니라 이 계열에 관심 있는 모든 학생, 학부모, 교사들이 꼭 읽어야 할 '한 권의 책'으로 추천한다.

이희성 청림 교육컨설팅센터 대표

'지식'에서 '역량'으로 교육의 패러다임이 바뀌어 감에 따라 학생들에게 요구되는 역량도 확대되고 있다. 성적과 더불어 자신의 진로를 향한 끊임없는 도전과 그 성과물이 필요한 이유이다. 그런 관점에서 AI가 만들어갈 세상의 변화에서부터 학교에서 실천할 수 있는 구체적인 방법까지 담겨있는 「소프트웨어 계열 진로진학 끝판왕」은 SW 분야에 관심 있는 학생들에게 꼼꼼한 길잡이가 될 것이다.

임정빈 청소년 진로진학 전문기업 투모라이즈

'어느덧 도래한 AI 시대에서 우리 아이들이 만들어 가야 할 환경은 어떻게 될까?' 이에 대한 인공지능의 미래와 SW를 알아가면서 앞으로의 대입과 진로를 잘 다루어주는 책이라 생각한다. 조금 더 나아가 문제해결력을 높이는 컴퓨팅 사고력에 대해 이해하며, 인공지능에 대한 흥미를 찾을 수 있는 계기가 되길 희망한다.

조성훈 에듀클라우드 대표

문·이과가 통합이 되면서 더더욱 적성검사와 진로설계 등의 진로교육에 중요성이 부각되고 있다. 그리고 최근 산업계 전반에 걸쳐서 직무가 크게 변하고 있다. 따라서 적성검사를 진행하고 이를 학과에 연결시키는 프레임이 예전과는 분명 다르다는 것을 느낀다.

현대에 있어서 직무의 급격한 변화를 만든 것이 바로 소프트웨어이며 이 소프트웨어는 직업세계의 전반에 스며들었으며 디지털화는 서로 간의 영역을 파괴하고 연대하고 결합하고 확장하며 그야말로 전성기를 구가하고 있다. 즉 소프트웨어는 어느 영역에서 전문성을 기르더라도 이제는 무조건 이해해야 하는 기본적인 언어가 되었다고 해도 무방하다.

이 책은 그러한 직업의 새로운 문법인 AI, SW에 대한 책이다. 현대에 있어서 직업을 갖고 전문가를 생각하며, 훌륭한 사회인이 되기 위해서는 정말로 좋은 지침을 준다. 이 책을 통해서 내가 원하는 분야와 전공에서의 발전을 생각해 본다는 것은 무척 가치로운 일이 될 것이다.

지수근 (주)프레디저 적성검사 대표이사

목차

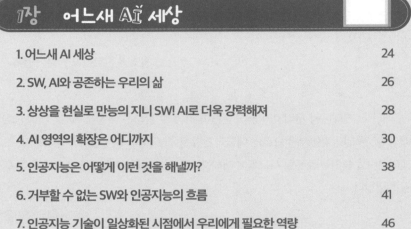

1장 어느새 AI 세상

1. 어느새 AI 세상 — 24
2. SW, AI와 공존하는 우리의 삶 — 26
3. 상상을 현실로 만능의 지니 SW! AI로 더욱 강력해져 — 28
4. AI 영역의 확장은 어디까지 — 30
5. 인공지능은 어떻게 이런 것을 해낼까? — 38
6. 거부할 수 없는 SW와 인공지능의 흐름 — 41
7. 인공지능 기술이 일상화된 시점에서 우리에게 필요한 역량 — 46

2장 How to 대입

1. 변화하는 산업계와 이에 대응하는 정부와 대학 — 54
2. 대학의 SW 교육에 따라 중요해지는 SW 역량 — 58
3. SW 대학 입시 전형 — 61
4. SW 역량을 평가하는 핵심 전형 — 64
5. 대학에서 평가하는 생활기록부 — 66
6. 역량 올리고 이를 표현할 Tips — 73
7. 특기자 전형으로 보이는 SW 역량 — 77

3장 SW에 다가서기

1. 코딩 공부 시작하기   82

2. 독학을 위한 강의 사이트 안내   85

3. 독학을 위한 테스트사이트 안내   91

4. 나만의 포트폴리오 또는 협업에 유리한 툴   94

4장 SW 시작하기 : 도구로 주제 만나기

1. 인공지능 블록코딩(mblock image machine learning)   103

2. 인공지능 블록코딩(Entry 음성인식 & machine learning)   112

3. Microbit   119

4. Arduino   130

5. 라즈베리파이   141

6. 데이터 과학의 기초(파이썬 & 공공 데이터 분석)   147

7. 인공지능 프로젝트(허스키렌즈, 티처블머신)   157

5장 SW 역량과 문제 해결력 높이기

1. 꿈 만나기 스타트 : 컴퓨팅 사고력 기르기   168

2. 도전하기 스타트 : SW 전공성숙도와 실천 연결하기   179

3. 융합적 사고력 기르기 : 문제를 보는 다양한 관점   185

6장 전문가(대학생, 관련 업종 근로자 등) 인터뷰

1. 컴퓨터를 통해 가치를 찾아다니는 여행을 시작하다.   200

2. 위기를 기회로! 포기하지 말고 쫄지 말자!   207

3. 수학도에서 사이버보안 전공으로의 Transform   210

4. 육군사관학교에서 컴퓨터 공학도의 꿈을 찾아 캐나다까지   215

5. 문과 출신으로 AI 전공. 모두의 SW를 느껴보다.   220

6. 대기업보다 하고 싶은 일을 할 수 있는 카카오로!   224

7. 끊임없이 '즐겁게, 항상' 공부할 수 있는 매력   228

8. 27살에 배운 코딩으로 개발자가 되기까지   232

9. 협업과 소통이 숨 쉬는 Daily Stand up   237

1장
어느새 AI 세상

- 어느새 AI 세상
- SW, AI와 공존하는 우리의 삶
- 상상을 현실로 만드는 만능의 지니 SW! AI로 더욱 강력해져
- AI 영역의 확장은 어디까지
- 인공지능은 어떻게 이런 것을 해낼까?
- 거부할 수 없는 SW와 인공지능의 흐름
- 인공지능 기술이 일상화된 시점에서 우리에게 필요한 역량

1. 어느새 AI 세상

여러분은 AI 하면 어떤 대상이 떠오르나요? 아마 가장 먼저 알파고가 생각날 것 같습니다. 영화나 소설에서만 만나던 이야기가 약 5년 전 알파고를 통해 인공지능이 실제로 존재하고 그것이 우리의 상상을 뛰어넘는 잠재력을 가지고 있다는 걸 우리는 실감했습니다.

이후 AI는 우리가 인지하지 못할 뿐, 우리의 일상에서 자주 접하고 있습니다. AI 스피커나 내 손안에 비서인 시리, 빅스비 같은 서비스 등을 통해서지요. 2017년 미국 PEGA system에서 미국, 영국, 프랑스, 독일, 네덜란드, 호주 사람 6,000여 명을 대상으로 AI에 관한 설문을 진행한 적이 있습니다. 이 설문에서 33%의 사람만이 AI를 활용한 서비스를 사용하고 있다고 응답했습니다. 하지만 응답자의 생활을 다시 분석한 결과 응답자의 77%가 자신도 모르는 사이에 AI를 사용하고 있는 것으로 밝혀졌습니다. 즉, AI를 활용하지 않는다고 응답한 67% 중 절반 이상이 AI를 사용한다는 의미입니다.

 Only 33%
think they use
technology with AI

 but

 77%
actually use an AI-powered
service or device

자, 77%와 33%에서 차이 34%는 어디에서 발생했을까요? 그 내용은 다음과 같습니다.

✉ Email spam filters **51%**	💬 Online virtual assistant **31%**	💬 Home virtual assistant **11%**
🔍 Predictive search terms **46%**	📰 Facebook-recommended news **28%**	🖼 Reverse image searching **9%**
📱 Siri virtual assistant **36%**	🛍 Online shopping recommendations **28%**	⊗ None of the above **16%**

*All use a form of AI

What Consumers Really Think About AI: A Global Study

이를 살펴보면 그동안 AI 기반이라는 인식 없이 우리가 일상에서 누려온 서비스라는 것을 알 수 있습니다. 한 번 검색한 상품과 연관된 상품을 추천하는 것과 같은 AI가 적용된 정보를 받습니다. 이럴 때 우리는 그것에 AI가 적용되었다고 인지하기가 힘들지요. 반면, 인공지능 스피커를 사용할 때와 같이 사용자가 인공지능 서비스를 인지하고 활용하는 경우도 있습니다. 요즘은 AI 활용 기술이 빠르게 발전하면서 사람들이 많이 사용하는 웹/앱 서비스에 그 적용이 확대되는 추세입니다. 인터넷과 스마트기기를 사용하는 사람이라면 페이스북 등에서 이전에 검색했던 제품이나 관심 분야에 대한 광고를 본 적이 있을 것입니다. 사용자 관심에 기반을 둔 유튜브나 넷플릭스의 추천 서비스를 사용하다보면 알고리즘이 내가 어떤 것을 좋아하는지 나보다 더 잘 알고 있다는 생각이 들게 만듭니다. 이렇게 AI 기술은 산업뿐만 아니라 우리 생활에도 빠르게 스며들고 있습니다. 기사중에서도 인공지능이 작성한 기사의 양이 점점 늘어나고 있습니다. 웹 서비스 외에도 휴대폰으로 사진을 찍을 때 촬영 모드가 이미지 인식을 통해 자동으로 설정되고, 필터를 적용하는 서비스, SNS에서 관심사를 추천받는 서비스, 사진을 검색하거나 챗봇을 활용하는 등 우리 삶에서 AI의 혜택을 자연스럽게 누리고 있습니다.

왓슨이나 알파고처럼 'AI = 로봇' 혹은 'AI = 특화된 서비스'라고 인식하던 때가 있습니다. 이제는 AI의 적용 범위가 확장되어 어떤 콘텐츠가 제공하는 전체 서비스 중 일부분에 다양한 형태로 활용되고 있습니다. 그 분야도 다양해져서 사회, 경제, 의학, 천문학 등 모든 곳에 AI를 적용합니다. 이처럼 AI는 이미 우리 일상생활의 많은 부분을 함께하고 있으며, 우리가 AI를 인지하지 못할 때도 우리와 동행하고 있습니다.

2. SW, AI와 공존하는 우리의 삶

홍민이는 오늘 아침 핸드폰 알람 소리를 듣고 일어났다. 주방에는 예약 취사에 맞춰놓은 밥솥 안에 따뜻하고 맛있는 밥이 완성되어 있다. 밥을 뜨고 전기 인덕션을 이용해 국을 데워 같이 먹었다. 병원 예약을 해둔 날이라 서둘러 나섰다.

디지털도어락을 열고 밖으로 나온 홍민이는 엘리베이터를 타고 내려와서 자동으로 열리는 아파트 현관문을 나섰다. 스마트폰으로 타야 할 버스 도착시간이 얼마 남지 않은 것을 확인하고 급히 뛰어간다. 버스에 교통카드를 태그하여 탑승했고, 가는 동안 무선 이어폰을 통해 음악을 들었다. 그 사이 친구가 카카오톡으로 연락을 해왔다. 가는 동안 길이 왜 이리 막히는지. 결국 홍민이는 버스에서 내려 경전철로 갈아탔다. 경전철은 무인 시스템으로 운행된다. 경전철을 기다리는 동안 친구와 만나기로 한 식당을 예약했다. 며칠 전에 봐 두었던 이쁜 신발을 구매했다. 또한 친한 친구에게 모바일 상품권으로 생일 선물을 보냈다.

경전철에서 내린 후 병원까지 걷기도, 버스 타기도 애매해 카카오 택시를 불렀다. 병원에 도착한 홍민이는 지난번 촬영한 MRI 검사 결과를 의사 선생님과 함께 모니터로 살펴보았다. 의사 선생님은 AI 왓슨이 분석한 진단 결과를 알려주었고 이후 처방전을 주었다. 약국에 들렀던 홍민이는 ATC(의약품자동조제기)[2]에 의해 약이 조제되고 포장되어 나오는 것을 볼 수 있었다. 약값을 결제하자 승인 메시지가 핸드폰을 통해 전달되었다.

집으로 돌아온 홍민이는 줌 서비스를 통해 오후 수업을 들은 후 랜선 동아리 활동인 밴드에서 예정된 모임을 했다. 저녁식사 후 TV에 연결된 셋탑 박스를 켜고 VOD를 통해 영화를 감상했다. 이후 어제 읽던 전자책을 열어 마저 읽고, 부모님이랑 영상 통화도 했다. 자기 전에는 친구의 SNS에 접속해 댓글로 안부를 물었다…

---

2) ATC에 적용되는 모델 중에 'ACRS-III'는 약품이 들어가 있는 통(캐니스터) 위치를 자동 인식하는 기술임. 이 기술이 적용된 이번 신제품은 조제 중 의약품 오투하가 감지되면 투약을 자동으로 중지하고 오류 내역을 즉시 인쇄하여 오조제를 방지함. 특히 하부 메인 프레임 전체가 탈부착이 용이해 에러 발생 시 손쉽게 문제를 해결할 수 있음. 또 의약품의 크기와 수량에 따라 조제 봉투 사이즈를 선택할 수 있어 소모품인 포장지를 절약할 수 있음.

우리는 매일 SW에 의해 제어되는 기기를 이용한 서비스와 함께 살아갑니다. 다양한 SW로 구현되는 휴대폰과 컴퓨터를 사용해서 휴대폰과 컴퓨터를 사용해서 정보를 확인하거나 찾습니다. 학생이 수행평가 과제를 수행하고 수업을 듣는 일도 SW를 통해 이루어집니다. 또한 관심 있는 분야의 최신 정보를 페이스북 그룹에서 찾고 친구와의 우정도 SNS를 통해 쌓아갑니다. 우리가 입는 옷도 프로그램(SW)을 통해 디자인 후 제작되고 유통되며 구매 방법도 온라인 쇼핑 등 다양합니다. SW에 의해 작동되는 밥솥으로 지어진 밥을 먹고 SW가 세탁해 준 옷을 입고 다닙니다. 전철, 신호등 등과 같은 교통 시스템도 마찬가지로 SW가 통제하고 있고, 우리는 그 통제에 따라 질서를 유지합니다. 우리가 물건을 구매할 때도 실제 돈이 사용되는 것이 아니라 SW에 의해 저장되는 기록이 실물 화폐를 대신합니다. 사회경제 시스템도 SW에 의해 작동됩니다. 구매와 자산 관리, 거래 등도 사람 대신 SW가 관리하기도 합니다. 이렇듯 SW는 우리 삶에 편리함을 주는 도구를 넘어, SW 없이는 일상생활이 불가능한 존재가 되었습니다.

만약 SW의 작동이 멈춘다면 어떤 일이 일어날까요? 시간은 멈출 수 없으나, 세상의 모든 서비스는 아마 멈추게 될 겁니다. 우리의 일상에서 SW가 주는 편리함을 누리지만, 어느 순간부터는 SW 없이는 아무것도 할 수 없어져 버렸지요. 혹시 SW에 갇힌 것은 아닐까 싶을 정도로 말입니다.

3. 상상을 현실로 만드는 만능의 지니 SW! AI로 더욱 강력해져

컴퓨터를 잘 다루는 사람은 새로운 아이디어가 떠오르면 그것을 컴퓨터 언어로 적는 '코딩'이라는 작업을 합니다. 물론 컴퓨터 언어를 이용하는 코딩은 그 안에 약속된 규칙(문법)이 있습니다. 그 규칙에 따라 하나의 글이나, 편지가 완성되면(이걸 코딩이라고 부릅니다) 컴퓨터는 그 코딩을 이해하고 그대로 구현합니다. 이때 컴퓨터가 구현하도록 쓰인 글, 명령어들의 집합을 '프로그램' 혹은 'SW'라고 합니다.

우리가 생소하다고 생각했던 SW가 앞서 본 것처럼 우리 생활에 깊숙이 자리 잡은 이유는 누구나 아이디어만 있으면 컴퓨터에 입력해서 원하는 일을 시킬 수 있기 때문입니다. 컴퓨터에게 약속된 규칙에 맞게 쓰여진 편지인 명령어들의 집합을 넣어주면 완벽하게 규칙대로 작동합니다. 즉, '코딩'을 통해 프로그램을 만들고, 만들어진 프로그램은 SW로써 컴퓨터를 작동시킵니다. 명령만 규칙에 맞게 내려두면 알아듣고 잘 처리해주는 요술램프 '지니'와 같다고 생각하면 됩니다. 한 가지 다른 점이라면 '지니'는 주인에게만 충성하고 오직 3번의 기회만 있지만, SW는 누구든 횟수 제한도 없이 우리가 내린 명령을 처리해줍니다.

 SW의 등장으로 이전에는 사업 구상에 큰 자본, 실력을 갖춘 인재, 높은 마케팅 비용이 요구되었으나 컴퓨터의 등장은 누구나 개인의 생각만으로도 새롭게 무엇이든 창조할 수 있게 되었습니다. 컴퓨터가 나온 초창기 변화의 시점에 그 가능성을 일찍 발견한 사람들은 각자가 생각한 아이디어를 코딩을 통해 구현하기 시작했습니다. 마이크로소프트를 창업했던 빌 게이츠나 페이스북을 창업한 저커버그, 인스타그램을 창업했던 케빈 시스트롬과 같은 사람들이 그 대표적 예입니다.

 컴퓨터 환경에서 작동하는 윈도우, 리눅스, MS-office, 한글 HWP와 같은 SW의 개발에서 한 걸음 나아가 산업에 SW를 접목해 큰 변화를 일으킨 사례도 있습니다. 넷플릭스가 그런 예입니다. 초기 넷플릭스는 비디오나 DVD를 대여해주는 서비스로 시작하였으나 인터넷의 도입으로 스트리밍 서비스를 주목하며 사업을 확대하고 고객 추천 서비스의 개선을 위해 SW 개선, 알고리즘 개발 등에 노력을 기울였습니다. 그 결과 세계적으로 가장 큰 온라인 동영상 스트리밍 서비스 업체가 되었습니다.

4. AI 영역의 확장은 어디까지

가. 금융산업 : 주식도 AI 프로그램 매매

 은행 업무와 증권 거래에 AI가 활용되고 있습니다. AI 챗봇으로 은행 업무 시간 외에 대화형 서비스를 고객들에게 제공하는 업체들이 늘어나고 있습니다. 이때 AI는 고객에게 알맞은 상품을 소개하거나 고객의 질문을 파악해 원하는 서비스를 제시하는 은행원의 역할을 합니다. 물론 AI 챗봇이 다양한 질문에 모두 적합하게 응답할 수는 없지만, 반복되는 질문에 대한 응답이나 상품 소개에서 그 효과를 거두고 있습니다. 금융 분야 기업들이 직원의 IT 역량을 기르기 위해 다각적인 방안을 찾아 노력하는 이유입니다. 기업의 재무 데이터 등 빅데이터를 분석해서 적합한 투자

로직을 찾거나 주식거래에서 딥러닝을 이용한 알고리즘을 통한 매매로 수익을 내는 등 금융분야에서도 AI 와 활약이 확대되고 있습니다. 이러한 AI 서비스가 개인 투자자의 손실을 줄이고 이익을 줄 것으로 기대하고 있는데, 데이터로 사전 시뮬레이션을 해 본 결과 76%의 정확도로 주가의 등락을 예측했다고 합니다.

나. 의료산업 : AI로 진단하고 수술 하는 로봇

 의료 산업에서 AI는 다양한 수치와 영상 데이터를 기반으로 질병에 대한 진단과 처방, 잠재적인 증상 등을 예측합니다. 국내도 길병원을 시작으로 6개의 병원이 IBM의 AI 왓슨을 활용해서 진단 서비스를 활용하고 있습니다. 영국 런던대학교는 2017년부터 빅데이터를 기반으로 혼자 수술을 할 수 있는 AI 수술 로봇을 개발 중이라고 합니다.

 구글 의학 영상팀에서 당뇨병성 망막병증 검진 사례를 발표하였습니다. 이 질병은 전 세계 4억 1500만 명의 당뇨 환자에게 자주 발병하는 안구 질환 중 하나입니다. 구글은 딥러닝 기술을 활용하여 안저[3] 사진을 분석하여 질병을 진단했는데 그 정확도가 95% 나왔다고 합니다. 보통

---

3) 망막안저사진 촬영은 방사선노출도, 약물로 동공을 확대할 필요도 없어 비교적 간단하게 받을 수 있는 안과 검사임. 안구 내 유리체, 망막, 맥락막, 녹내장 등의 이상여부를 진단하는 데 널리 사용되고 있음. 최근 국내 의료진이 새로운 딥러닝 알고리즘을 개발함으로써 망막안저사진을 통해 더 많은 안과질환을 조기에 발견할 수 있게 됨.

의 안과 전문의는 91%의 정확도를 보인다고 하니 놀라울 뿐입니다.

 서울시 은평구청 보건소에 X선을 판독하는 AI 의사가 도입되어 1차 판독을 맡아서 전문의가 놓칠 수 있는 초기 단계의 질병을 잡아내기도 합니다. JAMA 네트윅스, 서울대 연구팀의 자료에 의하면 X선 사진 판독 테스트 정확도가 사람보다 높았다고 합니다. 또한 국내 20개의 대형병원이 공동으로 만든 AI 의사 '닥터 앤써'가 진료에 투입되고 있습니다.

다. AI Assistant와 마케팅 산업 : 빅데이터를 활용한 맞춤형 마케팅
 빅데이터 기술이 발전하고 이를 산업에 활용하기 시작하면서 기업은 고객의 관심사, 검색 패턴, 구매 성향 등을 활용해 제품을 추천하는 서비스를 제공해 왔습니다. 머신러닝 알고리즘으로 광고 실적을 분석하고 효과적인 사례를 기반으로 개선안을 찾거나 소비자의 실시간 행동 패턴을 바탕으로 연령, 성별, 위치 등 수 많은 다른 데이터와 비교하여 맞춤형 정보를 제공하기도 합니다.

 이제는 AI가 직접 광고를 만들기도 합니다. 맥켄에릭슨재팬에서 껌 '클로렛츠'를 주제로 2가지의 광고를 공개하고 투표를 진행했는데 54%의 근소한 차이로 인간이 만든 광고를 선호했다고 합니다. 도요타 자동차는 왓슨이 작성한 대본으로 제작한 자동차 광고를 찍기도 했습니다.

 이 외에도 웹에 배너 광고 제작에도 AI를 많이 활용합니다. 중국의 최대 전자 상거래 업체인 알리바바는 자사의 인공지능 플랫폼인 '루반'을 통해 약 4억 개의 배너 광고를 제작하였습니다. 루반은 약 100만 명 이상의 디자이너 아이디어를 보유하고 있다고 합니다. EMarketer

에 따르면 2021년까지 미국의 모든 디지털 디스플레이 광고 비용 중 88%가 프로그래밍 방식으로 제공될 것으로 보고 있습니다.

 SW 사용환경도 기존의 자판을 쳐서 넣는 방식의 텍스트 입력에서 음성인식 시대로 변합니다. 아마존의 알렉사(Alexa)와 구글 어시스턴트(Google Assistant)는 AI 기반의 음성인식 서비스를 제공합니다. 이 서비스에 날씨 정보와 스포츠 결과 등 일상적인 검색과 일정을 등록하고 집안의 난방기와 같은 제품들을 제어하는 기능도 제공합니다. 더불어 이런 서비스를 사용자가 사용하면서 생성된 정보는 다시 마케팅 자료로 수집되어 광고에 활용합니다. 이것을 반응형 광고라고 하는데요. 반응형 음성광고는 사용자의 패턴을 분석하여 사용자에게 필요한 제품을 안내하고 사용자의 반응에 따라 추가적인 정보를 음성으로 제공하는 형태입니다. AI 음성인식 서비스의 확대에 따라 앞으로는 소비자의 관심과 몰입도를 향상하는 형태의 반응형 음성광고가 많아질 것으로 예상합니다.

라. 멀티미디어 서비스 : AI 알고리즘 추천

 아마도 여러분은 유튜브나 넷플릭스를 자주 이용할 거예요. 여기에 '알고리즘'이 주로 이용되는 것을 알고 있었나요? 아마 프로그램에 익숙하지 않더라도 '알고리즘'이란 단어는 한번쯤 들어보셨을 것입니다. 고객이 주로 보는 영상으로 관심사를 분석해 다수의 사용자로부터 이미 '검증된' 관련 영상을 계속해서 소개해주는 '알고리즘'이 적용된 것입니다. 2009년 넷플릭스는 Netflix Prize라는 자사의 추천 알고리즘을 개선하기 위한 대회를 열었습니다. 여기에 100만 개 이상의 데이터를 공개하고 자사의 추천 알고리즘을 10% 이상 개선하는 프로젝트에 성공하면 100만 달러의 상금을 준다고 공언했었지요. 현재는 그 기술이 더 발전해서 알고리즘 설계 자체를 AI가 실시간으로 대신합니다. 여러분이 유튜브나 넷플릭스, 페이스북의 추천 영상, 추천 글을 보고 한 번이라도 클릭한 적이 있다면 이미 AI를 일상에서 활용하는 증거인 셈입니다.

마. 교통/국방/재난 : 사회기반 시스템에 적용되는 AI

'더 아이엠씨'라는 기업은 대구시의 교통 문제 해결을 위해 CCTV, 교통 데이터로 딥러닝을 기반으로 한 분석 솔루션을 개발하였습니다. 이후 알고리즘을 통해 차량을 세단, SUV, 버스, 트럭 등으로 분류를 자동화했고 데이터를 기반으로 유연하게 교통 신호등의 시간을 조절하기도 했습니다. 그

결과 최적화된 신호 주기를 찾아, 약 7.45~17.12km/h 정도 통행 속도를 올리는 결과를 거두었습니다. 그 외에 도로교통관리시스템을 AI 기술을 이용해 업그레이드하는 사업이 추진되고 있습니다. 이 사업이 완성되면 국도 CCTV로 도로를 통행하는 차량의 속도, 차종, 역주행, 사고 등을 AI로 탐지할 수 있습니다. 모든 상황을 사람의 수작업 없이 실시간으로 파악할 수 있게 되며, 데이터가 쌓일수록 분석 기능의 수준이 향상됩니다.

국방에도 AI와 빅데이터를 활용하는 움직임이 활발해졌습니다. 분단국가라는 우리나라의 특성상 휴전선 안보가 중요합니다. AI를 결합한 CCTV를 철책선에 설치하면 휴전선 부근에 사람이나 동물이 지나갔는지를 쉽게 파악할 수 있습니다. 병역 관리, 전투 지휘, 훈련 등에도 AI가 활용됩니다.

2020년 3월에 국방부에서 발표한 '지능형 플랫폼 구축정보 전력 계획'에 따르면 개인 맞춤형 체력 관리, 사격장 산불 위험 예측, 지상군 자원 분석 등에도 인공지능을 활용할 것이라고 했습니다. 그 외에도 AI와 드론 등의 기술을 무기 체계에 도입하겠다고 밝혔습니다. 이제 드론은 원격조정뿐만 아니라 자율 비행도 가능하기에 현재와 미래 전쟁에서 빠질 수 없는 존재가 되었습니다. 실제로 지난 2019년 사우디아라비아에 있는 국영 아람코 정유 공장이 드론 공격으로 파괴되기도 했습니다. 이 때문에 드론의 공격을 방어하는 연구도 활발하게 진행되고 있습니다. 드론의 등장으로 무인기의 활용이 본격화되면서 사람이 아닌 SW로 싸우는 시대가 되었고, 병사의 수보다 기술의 우위가 전쟁의 승리에 영향을 미치게 되었습니다.

소방청, 산림청, 지방자치단체에서 빅데이터, 공간정보, CCTV와 정보통신기술을 산불이나 재난 상황에 활용하고 있습니다. 규칙적으로 발생하는 화재의 패턴을 분석하여 산불 위험성이 높은 시기와 지역을 예고하고 산불이 발생했을 때 이동 경로와 확산 속도를 예측하여 산불 진압에 적용합니다.

바. 언론 서비스: 추천뿐만 아니라 작성도 하는 AI 기자

연합뉴스는 2020년 4월 28일자 기사에서 머신러닝 AI가 작성하는 기사를 내보내는 서비스를 시작한다고 밝혔습니다. 이를 위해 연합뉴스는 NC소프트와 MOU를 맺고 처음으로 날씨 기사 서비스를 시작했습니다. 이 기사는 기상청 데이터와 한국 환경공단 미세먼지 자료를 바탕으로 하루 3차례 기사를 작성해서 올려집니다.

전 세계에 약 2500명의 기자를 두고 있는 로이터 통신은 특종을 골라내는 AI 기자 시스템을 발표했습니다. 이 '로이터 트레이서'라고 하는 AI 기자는 로이터 소속 기자, 타 언론사, 주요 기업, 인플루언서 등의 계정에서 만들어지는 메시지를 하루 1200만 건 정도 탐색합니다. 탐색한 자료를 바탕으로 식별해 정확도를 측정합니다. 약 20% 정도의 메시지가 결과로 나오는데, 이를 10개의 서로 다른 알고리즘으로 분석하여 헤드라인이나 요약 기사를 작성합니다. 이렇게 함으로써 약 70%의 기존 기사를 커버한다고 합니다.

사. 교육분야 : 학습 상태를 점검하고 질문에 답하는 AI 교사

인공지능 기술을 교육에 도입하는 에듀테크 기술이 최근 활발해지고 있습니다. 국내 서비스 중 토익 학습에 AI 기술을 도입한 '산타토익'이 대표적이라고 할 수 있습니다. 산타토익은 약 9개의 예시 문제를 3분간 풀게 한 결과 학습자의 수준을 파악하고 목표 점수를 제시하고 매일 취약점이 있는 문제들을 제공합니다. 학습자의 응답을 계속 분석함으로써 개인 맞춤형 서비스를 제공하는데, 이러한 알고리즘은 넷플릭스나 유튜브처럼 '고객의 분석 - 맞춤형 서비스 제공'과 비슷하다고 할 수 있습니다. 교육부에서도 2020년부터 초등학교 1, 2학년을 대상으로 '똑똑 수학 탐험대' 서비스를 시작해 점차 다른 학년까지 대상을 넓혀가고 있습니다. 또 경상남도 교육청에서는 '아이 톡톡' 서비스를 통해 브라우저 기반 플랫폼으로 모은 학습, 학습방법, 사회, 정서, 태도의 정보를 데이터표준에 따라 수집하여 선제적으로 데이터수집과 분석을 위한 데이터 구조와 데이터셋 구축하여 운영하고 있습니다.

미국의 조지아공대에서 온라인 조교로 활약한 '질 왓슨'의 사례도 있습니다. 컴퓨터 과학 수업에의 온라인 조교인 질 왓슨은 온라인으로 학생들이 질의를 하면 응답을 해주는 역할을 했는데, 한 학기에 약 1만 건에 해당하는 질의 중 40% 정도에 응답해주었습니다. 이 조교의 응답 정확도는 97% 정도였으며, 학생의 질문의 뉘앙스까지 파악하여 답변했다고 합니다. 20대 후반의 백인 여성인 것으로 생각했던 학생의 기대와는 달리 IBM의 AI 왓슨을 기반으로 한 인공지능이었다는 것이 나중에 밝혀졌습니다.

인공지능 조교의 역할과 언어학습 프로그램으로 제공되는 학습 자료 개인 맞춤형 서비스를 보면 앞으로 교육에서 큰 지각 변동이 일어날 것을 예상할 수 있습니다. 학습자의 반응을 기반으로 학습자에게 필한 정보와 과제를 찾아서 제시한다면 공부 방법을 고민하는 학생들에게 많은 도움이 되겠네요. 특히, 언어학습에서 음성인식 기술을 활용해 발음을 교정하거나 대화형 콘텐츠로 회화훈련을 할 수 있는 서비스가 출시되기도 하였습니다.

아. 농업과 양식업 : IOT , 빅데이터로 기술로 생산량을 극대화 하는 AI 농업

국내의 한 농가에서 AI를 활용하여 방울 토마토를 재배하는 사례가 지난 2019년 12월 21일 연합뉴스에 실렸습니다. AI가 온도와 습도, 물 공급량 등의 정보를 스마트폰을 통해 농부에게 제공하면 이를 바탕으로 농장 온실의 환경을 스마트폰으로 제어합니다. 이러한 농사 기법의 적용은 생산성 78%가 향상되었으나 노동력은 50% 낮추고, 난방 에너지도 40%가량 절감되었다고 농림청에서 발표한 사례였습니다.

연어 양식으로 유명한 노르웨이 '로얄 연어' 회사는 매년 약 7만 톤의 연어를 공급하는데요. 이 회사는 ABB, 마이크로소프트와 함께 연어 분석 파일럿용 인공지능을 통해 어류 개체 수를 원격으로 감지하고, 연어 양식의 중요한 데이터를 자동 수집합니다. 놀랍게도 수중카메라는 연어의 모습을 자동으로 감지하고 그 무게를 추정하는 기술도 선보이고 있습니다.

전통적인 1차 산업에 AI의 도입은 여러 부분에서 그 활용성이 기대됩니다. 가장 주목할 점은 AI를 활용함으로 노동력을 줄일 수 있는 것입니다. 1차 산업에 종사하는 노동력이 부족한 현대 사회에 원격 제어, 자동화 기술을 인간의 손길을 줄이는 효과를 가져옵니다.

기후의 변화와 같은 환경 요인에 탄력적으로 대응할 수 있습니다. 농업, 어업, 양식업 등은 기후에 많은 영향을 받지요. 게다가 최근엔 이상 기후로 인해 이전의 경험에 의한 대응이 잘 맞지 않습니다. 이러한 변화를 실시간으로 감지하고 대응할 수 있다는 점에서 AI의 활용은 앞으로 더욱 기대됩니다.

자. 건축산업 : 디자인하고 설계하는 AI 건축설계사

건축 설계는 복잡한 변수가 많습니다. 지반의 특성과 구조물의 안정성을 비롯하여 전기와 소방 설비 등 많은 요소가 결합되기 때문입니다. 조성현 스페이스워크 대표는 2020년 1월 13일 서울경제와의 인터뷰에서 바둑보다 건축 설계가 훨씬 더 많은 경우의 수를 가지고 있다고 언급했습니다. 비교적 간단해 보이는 주차장 설계만 하더라도 2019년 국내 인공지능 바둑 AI 프로그램 한돌(handol)은 40일가량 걸렸습니다. 만약에 2016년에 개발된 알파고가 이를 풀었다면 수개월이 걸렸을 것이라 예상합니다. 물론 가장 최근의 알파고 제로는 수일 만에 설계가 가능할 정도로 인공지능이 발전했습니다.

일본의 다케나카 공무점은 장기 AI 개발로 유명한 HEROZ와 함께 AI를 활용해서 단순 작업의 고속화를 구현했습니다. 400여 개의 프로젝트, 25만 개의 부재 정보를 데이터베이스화하고 이를 유사도에 따라 분류하는 클러스터링을 AI를 활용하여 분류하였습니다. 건축에도 AI인 DeepX가 중장비를 조정하기도 하고, AI를 활용해 크레인을 자동화하며, 건축물의 노후 정도를 파악하는 기술에도 AI가 접목됩니다.

5. 인공지능은 어떻게 이런 것을 해낼까?

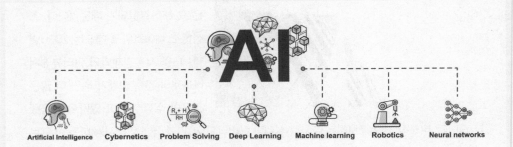

다양한 산업에서 AI는 이미 여러 형태로 활용되고 있습니다. AI를 사용해야 하는 이유는 무엇일까요? 바로 AI를 통해 추출되는 데이터와 지식을 계속 활용할 수 있기 때문입니다. 수많은 데이터가 지금까지도 계속 쌓여왔지만, 센서 기술의 향상과 빅데이터의 발달로 인해 이러한 데이터를 수치화하여 사용할 수 있게 되었습니다. 수많은 데이터에서 유의미한 정보를 찾아 그 안의 보이지 않는 인과관계, 패턴 등을 활용하는 것이 매우 중요합니다.

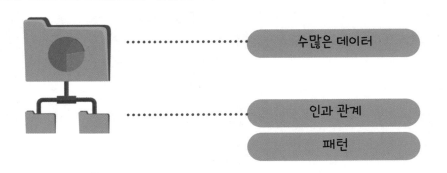

데이터 분석의 가장 큰 문제는 이러한 데이터가 실시간으로 계속 쏟아진다는 점입니다. 이 때문에 인간의 사고와 판단만으로 제대로 된 의사결정을 내리기엔 분명 한계가 존재합니다. 여기에 AI를 활용하면 그 불확실성을 줄이고, 예측이 어려운 상황에서 더 나은 의사결정을 할 수 있게 됩니다. 이미 의료계, 항공, 산업계에서 이러한 이유로 AI를 이용합니다.

1

첫째   비용 절감 효과가 있습니다

첫째, AI의 활용은 비용 절감 효과가 있습니다. 그런 까닭에 단순 노동은 원격 제어, 챗봇, 자동응답 AI와 로봇으로 대체되고 있는 상황입니다. 이러한 노동력의 절감은 생산성의 향상 및 가격의 인하로 연결됩니다. AI는 사람과는 달리 24시간 작동하고, 임금 인상도 없으며 서비스는 점차 더 정교해지고 발전하기 때문에 산업에서 AI의 사용이 늘어날 수밖에 없습니다.

 노동력의 대체는 전문직 종사자에게도 영향을 줍니다. 법률이나 의학 등과 같은 전문적인 지식을 가진 전문가의 도움을 받으려면 상대적으로 비용이 발생합니다. IBM의 왓슨 사례서 보듯 전문 지식의 영역에도 AI가 적용되어 고객에게 신뢰를 얻고 있습니다. 조선비즈는 2017년 기사에서 회사에서 고용한 변호사들이 차츰 법률 AI로 대체되어갈 것이라고 언급하기도 했습니다. 변호사가 되려면 오랜 기간 교육과 훈련을 받고, 그에 상응하는 월급과 수당 지급을 지급하는 것을 생각하면 앞으로 변호사 업무의 상당 부분을 AI가 대체할 것이라고 보는 게 학계의 주된 추측입니다. 단순한 반복 작업을 산업용 로봇이 대체했던 것과 비슷하게 전문직 분야에 AI의 활용도가 점점 커질 것으로 예상됩니다.

2

둘째   개인화, 맞춤형 서비스가 가능하게 합니다

 둘째, AI 활용은 개인화, 맞춤형 서비스가 가능하게 합니다. 초창기 TV는 원하는 프로그램을 보기 위해 해당 프로그램의 방영 시간에 맞추어야 했지만, 이후 VOD 서비스의 등장으로 내가 원하는 프로그램만 찾아 골라보기가 가능해졌습니다. 현재 우리는 유튜브의 등장과 알고리즘으로 인해 AI가 알아서 내가 좋아할 만한 영상을 추천해주는 시대에 살고 있습니다. 이러한 서비스는 앞으로 영상이나 기사, 읽을거리에 그치지 않고 사람의 의식주를 비롯하여 운동, 쇼핑, 교육, 의료 등 생활의 모든 부분으로 확대될 것입니다.

3 셋째 사회의 다양한 문제를 혁신적으로 해결할 수 있습니다

마지막으로 사회의 다양한 문제를 혁신적으로 해결할 수 있습니다. 사람이 없이도 무엇인가를 판단할 수 있다는 점은 기존에 사람 없이 해결하지 못했던 다양한 문제의 해결 방법을 알려줍니다. 예를 들어 브라질에서는 아마존 밀림의 무단 벌목 관리에 어려움을 겪었습니다. 이를 맡은 레인포리스트 커넥션은 밀림에서 들려오는 소리를 딥러닝으로 분석해 사람이 못 듣는 벌목 현장의 전기톱, 트럭 소리를 찾아내서 무단 벌목을 감시합니다. 이러한 음향 분석은 수중 생태계의 파악에도 활용되는데요. 약 10만 시간 동안 오디오로 데이터를 학습한 AI는 등고래, 범고래의 소리를 인지하고 고래들의 서식지, 이동 경로를 파악합니다. 이렇게 AI를 동물 멸종 방지에도 활용합니다. 이 외에도 AI를 활용으로 얻는 유익은 무수히 많습니다. 앞으로 AI는 최초 증기 동력을 발생시켰던 1차 산업혁명, 전기를 통한 2차 산업혁명, 컴퓨터 및 정보통신을 활용한 3차 산업혁명에 견줄 만큼 사회에 파급효과를 줄 것으로 전망합니다.

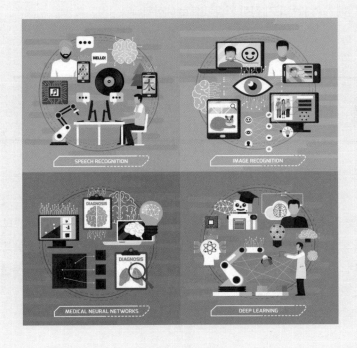

6. 거부할 수 없는 SW와 인공지능의 흐름

문선공(文選工)이라고 들어보셨나요? 필자에게도 익숙하지 않은 단어인데요. 신문에 사용할 활자를 직접 고르는 일을 하는 사람이라고 합니다. 활자 고르기를 일일이 사람 손으로 했었다는 게 신기할 뿐인데요. 1990년대까지 기자와 함께 신문사에 없으면 안 되는 필수적인 존재였다고 합니다. 문선공은 1분에 최대 40개의 활자를 추려내고 조합하며, 기자들의 악필도 알아보던 역할을 했습니다. 하지만 1990년 컴퓨터의 도입으로 이러한 업무의 필요성이 없어지면서 짧은 시간 내에 자연스럽게 일자리가 사라졌습니다. 현대는 종이에 담긴 기사와 성격이 다른 인터넷 기사가 활성화되면서 컴퓨터와 SW를 다루는 많은 직업이 생겨났습니다. 사회 변화를 잘 감지하고 진로에 대해 고민할 이유이기도 합니다.

이처럼 컴퓨터와 스마트폰의 등장은 직업의 변화를 가져오면서 사회와 산업 전반의 큰 변화를 불러일으켰습니다. 그런데 인공지능은 계산 속도 측면에서 접근했던 컴퓨터, 편리함으로 접근했던 스마트폰보다 훨씬 더 강력합니다. 인간의 고유한 영역이었던, 인간의 지능인 추론, 판단, 문제 해결에 역할을 하기 시작했기 때문입니다. 의사가 수많은 경험을 통해 습득한 영상 판독 능력을 AI가 도우면 보다 정확한 진단을 할 수 있게 됩니다. 많은 사람이 휴대폰을 사용하면서 만들어 낸 데이터를 통해 올해 겨울 감기 유행 정도나 대통령 선거 결과를 예측하기도 합니다.

꿀벌을 기르는 양봉 농가에서는 말벌의 습격이 가장 큰 걱정거리입니다. 최근 국내 대학에서 인공처리 영상기술을 이용해서 말벌의 침입을 막는 기술을 개발하였습니다. 또한 주식 종목 추천에서 법률검토까지 AI의 활약 영역도 나날이 넓어집니다. 이렇듯 AI의 흐름은 공학, 컴퓨터 분야에만 국한되지 않고 사회 전반으로 확장되고 있습니다. 바로 이점이 우리가 AI를 알아야 하는 이유이기도 합니다. 여러분의 관심 분야에 AI가 어떻게 연구되고 있는지 찾아보세요. 모두가 AI 개발자가 될 필요는 없지만, AI로 어떤 것이 가능한지, 자신의 전공 분야에 어떻게 활용할 수 있는지를 아는 것은 진로 탐색에서 중요한 요소가 될 것입니다.

변화하는 산업생태계

소프트웨어 직업군이라고 하면 흔히들 개발자, IT, 게임 관련 직종 등을 생각하기 쉽지만, 현시대에 소프트웨어는 단순히 특정 직업에만 한정되지 않고 전 직군을 아우르는 필수요소입니다. 우리는 소프트웨어와 인공지능을 알아야만 합니다. 왜냐하면, 우리는 디지털, 무선 인터넷, 컴퓨터 등으로 구축된 기본 인프라 위에 무궁무진한 데이터와 클라우드, 스마트폰, SW 그리고 인공지능 등과 함께하는 사회에서 인공지능 윤리, 정보문화 소양, 디지털 의사소통 등의 문화를 누리며 급변하고 있는, 기존의 것과 다른 새로운 생활양식을 갖춘 산업, 경제, 정치 체제 속에서 살아가야 하기 때문입니다.

즉, 지능 정보 사회를 살아가는 우리에게 소프트웨어 교육은 필수적입니다. 이를 통해 문제를 효율적으로 해결하거나 기존의 방법과 다른 창의적으로 해결하는 능력을 키울 수 있기 때문입니다. SW를 활용하는 능력과 이를 통한 문제 해결 역량은 모든 직업의 영역에서 필요합니다.

　시대를 반영하는 교육에도 세상의 변화가 드러납니다. 2015개정교육과정에 소프트웨어 교육이 강화되었고, 문과와 이과의 교육과정 구분이 없어지며 문·이과의 역량이 융합된 창의융합형 인재 양성을 목표로 하고 있습니다.

　2013년부터 빅데이터의 중요성과 그 필요성이 인식되면서, 기존의 경영과 경제의 큰 틀이 크게 변화하기 시작했습니다. IT 계열과 함께 다양한 스타트업기업 뿐만 아니라 거대 다국적 기업의 경영도 빅데이터와 AI를 기반으로 틀을 바꾸고 있습니다. 쏟아지는 수많은 데이터를 통해 숨겨진 정보를 파악하고 그 기반으로 의사결정이 이루어지고 있는 시대입니다. 영화를 보려고 하면 나의 이전 시청 목록과 자주 검색해보는 검색어를 기반으로 영화를 추천해줍니다. 물건을 살 때도, 그동안 구매했던 물건을 주기적으로 다시 추천 물품에 띄우거나, 구매했던 물건과 같이 살만한 물건을 추천하거나, 개인의 취향을 분석하여 제품을 추천하기도 합니다.

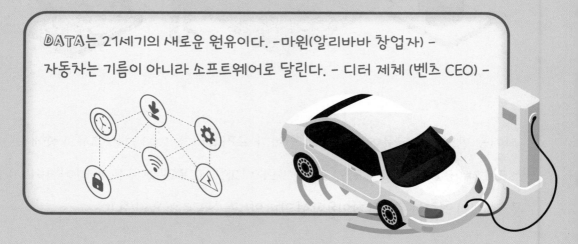

DATA는 21세기의 새로운 원유이다. -마윈(알리바바 창업자) -
자동차는 기름이 아니라 소프트웨어로 달린다. - 디터 제체 (벤츠 CEO) -

전통산업인 자동차 제조에 반도체를 탑재하면서 다양한 시스템을 갖추게 되었고 더 나아가 차량을 제어하는 기술이 추가되며 SW의 비중이 더 커지게 되었습니다. 다음은 4차 산업혁명의 동력이 소프트웨어임을 보여주는 말입니다.

이 두 이야기에서 원유에 비유한 데이터와 SW의 의미가 무엇일까요? 원유가 새로운 산업을 움직이고 세상을 바꾸는 동력원인 것처럼 데이터와 SW가 새로운 핵심 동력이 되어 산업을 움직이고 세상을 바꾸는 힘이 된다는 것입니다. 원유는 특정 지역에서만 생산되고 자원의 양이 한정되었다면 데이터는 누구나 측정 가능하여 수집만 하면 생산자가 될 수 있고, 자원의 양도 무궁무진합니다. 또 이 자원을 누가 어떻게 쓰느냐에 따라 달라집니다. 자동차를 예를 들어볼게요. 예전엔 자동차를 기계적인 작동을 통해 움직이게 했습니다. 점차 SW에 의해 제어되는 기술이 나오면서 자동차 산업에서 SW가 차지하는 비율이 급상승했습니다. 이제는 전기 자동차로 바뀌면서 완벽하게 모든 것이 SW로 제어됩니다. 이처럼 SW는 모든 산업에서 이전의 모습을 하나씩 바꾸어가고 있습니다.

7. 인공지능 기술이 일상화된 시점에서 우리에게 필요한 역량

1	인공지능 이전의 SW 역량
2	관심 분야의 전공 & SW, 인공지능과 연결할 수 있는 융합적 창의적 사고가 중요
3	SW로 문제를 해결하려고 노력했던 사례들

모두의 영어에서 모두의 SW로

2015년을 전후로 '문송합니다'라는 단어가 유행하기 시작했습니다. 이과에 비해 문과생의 취업률이 심각할 정도로 떨어지기 시작할 때 나온 말인데요, 교육부에서 발표한 전공별 취업률은 다음과 같습니다.

구분	2014	2015	2016	2017
총계	67.0	67.5	67.7	66.2
인문계열	57.3	57.6	57.6	56.0
사회계열	63.9	64.3	64.7	62.6
교육계열	68.6	68.6	66.8	63.7
공학계열	73.1	72.8	71.6	70.1
자연계열	63.6	63.9	64.0	62.5
의약계열	80.8	82.2	83.4	82.8
예체능계열	59.6	61.9	63.6	63.0

전반적으로 취업률이 낮긴 하나, 인문계열보다 공학계열이 높은 편입니다.(의약계열은 예외) 이 때문에 인문계열 학생들이 공학계열의 소양으로 여겨지던 코딩에 관심을 기울이고 있습니다. 요즘에 기업에서 이전보다 코딩을 통한 문제 해결 능력과 구현 능력에 높은 점수를 주고 있어 대학에서부터 컴퓨터공학을 복수 전공하거나 학원, 온라인 교육을 통해 역량을

갖추려 노력하는 추세입니다.

 실제 서울대학교 컴퓨터공학부의 복수전공 선발 현황을 2018년까지 살펴보면 문과생의 비율이 50%를 꾸준히 넘었고, 복수전공 전에 코딩을 배우거나, 활동을 위해 프로그래밍 동아리에 가입하는 신입생 중 70%가 인문 사회계열이었다고 합니다. 실제로 이들은 코딩 역량 갖추고 인문, 사회의 전공을 살려 IT 업체에 진출하기도 합니다. 예를 들면 경영, 경제를 배운 학생들이 IT업체에서 경영, 경제와 관련한 서비스를 개발하기도 하고, IT의 특성을 파악하여 그 업체 자체적으로 필요한 경제, 경영 분야에서 활약하기도 합니다.

 AI를 통해 암을 진단하는 도구를 개발하는 업체인 딥바이오에서 채용한 개발자는 영문학과 철학을 복수 전공한 문과생인데, 이 업체에서 개발 실무를 담당하다 다시 구글로 옮기기도 했습니다. 마치 영어가 어문계열만의 언어가 아니듯 SW는 공대만의 전유물이 아니게 되었습니다. 인문 사회계열의 전공생도 역량으로 갖추어야 하는 시대가 된 것이지요. 기존의 '세계화' 패러다임을 기반으로 '영어'가 기본적인 의사소통 능력으로 요구되었다면, 이제는 '4차 산업혁명 시대'를 위해 'AI와의 공존과 협업'을 목표로 의사소통을 위해 SW 능력이 요구되는 시대로 빠르게 바뀌고 있습니다.

 SW는 특별한 교육을 받은 사람만이 할 수 있는 것이 아닙니다. 단순히 개인적인 재미로 혹은 자신의 불편함을 해결하기 위해 혼자 공부하며 개발한 서비스가 인류 전체를 위한 서비스로 발전하기도 합니다.

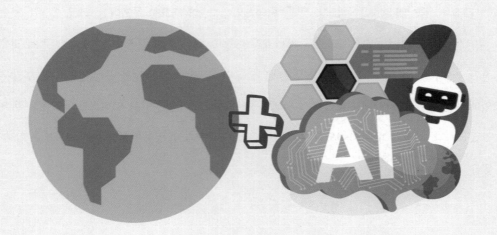

[예시-1] Facebook

2004년 주커버거가 하버드대학에 있을 때 여학생의 사진을 웹상에 띄워 인기 투표하는 facemesh서비스를 시작했습니다. 약간은 불순(?)한 재미를 위한 서비스였지요. 그리고 친구 사이에 친목을 다지기 위해 사진과 프로필을 적어서 공유하던 책자였던 'thefacebook'으로 발전하였습니다. 친구들과 간단히 사이트를 만들어서 하다, 주변의 아이비리그로, 이후 일반인도 이메일 계정만 있으면 가입할 수 있도록 더욱 확대되었습니다. 그저 재미로 시작했다가 사업성을 발견한 사례라 할 수 있습니다.

[예시-2] 토스 금융 서비스

치과 의사 출신의 이승건 대표가 만든 서비스입니다. 이 대표는 목포에서 배로 2시간 정도 떨어진 암태도에서 공중보건의로 군대체 복무를 했습니다. 밤에 할 일이 없어 수백 권의 책을 혼자 독파하면서 세상에 도움이 될만한 일을 찾다 IT 서비스 사업을 구상했습니다. 수많은 실패와 난관을 헤쳐가며 지금의 토스 서비스를 시작하고, 이 일은 금융 서비스의 판도를 바꾸어 놓았습니다. 전공자가 아니어도 아이디어를 통해 승부를 볼 수 있음을 보여주는 예시라고 할 수 있습니다.

[예시-3] 서울버스

2010년 고등학생이었던 유주완군이 만든 앱입니다. 막차 시간을 몰라 걸어서 귀가하던 중 막차 버스가 자신의 옆을 지나갈 때 앱의 필요성을 느꼈다고 하지요. 지금이야 대중교통 안내 앱 서비스가 다양하고 매우 흔하지만, 당시는 스마트폰이 막 보급되던 때였습니다. 고등학생 신분으로 앱 개발이 쉽지 않으나 초등학교 때부터 html 언어로 홈페이지를 만들면서 프로그래밍의 관심을 키워왔기 때문에 Object-C를 배우기가 수월했다고 합니다. 그즈음 서울시 홈페이지에 버스 도착 정보가 제공되고 있었는데, 이를 스마트폰으로 옮겨보자는 작은 생각에서 앱을 만들게 됩니다. 이렇듯 SW는 전공자에게만 한정된 분야가 아닙니다.

[예시-4] 호갱노노

 2014년, 이사를 위해 가구 구매를 생각하던 심상민 호갱노노 대표는 우리나라 이케아 제품이 해외보다 더 비싸다는 기사를 접했습니다. 네이버에서 개발자로 일하던 그는 이케아 매장 홈페이지에서 제품 가격을 모아 다시 프로그램으로 분석하며 첫 번째 호갱노노 서비스를 시작했습니다.

서비스 성공 이후에는 아파트로 아이디어를 확장합니다. 오피스텔에서 아파트로 이사하면서 부동산 시장에 주목, 정보의 비대칭성(부동산의 정보 >> 고객의 정보)으로 고객이 부동산 업체에 주도권을 뺏겨 소위 '호갱=호구고객'이 된다는 걸 느꼈습니다. 그래서 국토교통부의 데이터를 기반으로 전국 아파트의 실거래가를 지도 위에 보여주는 서비스를 구상하여 실행하게 됩니다.

 이 예는 SW는 활용 대상이 얼마든지 확장 가능하며, 공공 서비스의 중요성도 일깨웁니다. 개발은 공학도의 몫이라고 한정 지을 수 있으나, 호갱노노는 부동산 시장이라는 민생 경제에 큰 영향을 준 사례이므로, SW의 확장성과 유연성을 보여주는 좋은 사례입니다.

[이 외에도 다양한 아이디어와 수많은 프로토타입]

꼭 서비스화되지 않아도 SW는 일상생활에서 다양하게 활용할 수 있습니다. 학생을 교육하는 캠프에서 '아빠의 코골이를 SW를 통해 모니터링하고 싶다'는 아이디어가 나와 그것이 헬스케어 시장의 스타트업 아이템으로 확장되기도 합니다. '열나요' 어플의 경우 응급실에서 열이 올라 발을 동동 구르는 부모님이 몇천 원으로 해결되는 단순 해열제 처방에도 응급실 이용료를 내는 것을 보고 개발되었습니다.

SW가 적용되는 분야는 정말 다양합니다. 인문, 경제, 사회 과학 등의 분야에서도 얼마든지 SW로 서비스를 할 수 있습니다. 자연, 공학계열의 개발 영역이나 서비스 분야도 어느 한 분야에만 한정되지 않습니다. 삶에서 발견되는 문제점과 그 부분을 개선할 아이디어만 있다면 누구든지 '협업'을 통해 해결할 수 있습니다. '열나요' 어플은 그 개발 과정에서 전문의와의 협업을 통해 전문성 부분을 보완하고 발전시켰다고 합니다.

우리는 SW가 이과, 공학계열에서만 배울 수 있는 것이 아님을 살펴보았습니다. 필자가 말하고 싶은 핵심은 공학, 이학 계열을 희망하거나 전공한 사람도 인문학 이해 소양을 키워 통합적이고 융합적으로 성장할 수 있도록 노력해야 한다는 것입니다. 이러한 학문 간의 통합과 통섭의 통로로 SW가 큰 역할을 하고 있습니다.

2장
How to 대입

◎ 변화하는 산업계와 이에 대응하는 정부와 대학

◎ 대학의 SW 교육에 따라 중요해지는 SW 역량

◎ SW 대학 입시 전형

◎ SW 역량을 평가하는 핵심 전형

◎ 대학에서 평가하는 학교생활기록부

◎ 역량 올리고 이를 표현할 Tips

◎ 특기자 전형으로 보이는 SW 역량

1. 변화하는 산업계와 이에 대응하는 정부와 대학

정부에서 AI와 SW로 인한 변화에 발을 맞추어 SW 분야의 전문 인재를 양성하려는 정책을 펴기 시작했습니다. 다가오는 미래는 SW 중심으로 국가의 산업생태계가 재편될 것입니다. 각 국가는 미래의 경쟁력이 될 SW산업을 이끌어 갈 인재 양성을 위해 노력하고 있습니다.

교육부는 각 대학의 교육 과정에 SW 교과를 넣어 산업계와 연결되는 교육을 갖추며, SW 관련 입학 정원을 늘리고 독자적인 SW 인재 전형을 구축할 수 있는 SW 중심대학을 2015년부터 추진하고 있습니다. SW 중심대학은 전공자에게 세계적인 경쟁력을 갖춘 실무형 인재가 되도록 교육합니다. 비전공자에게도 SW 소양을 갖추어 자신의 전공과 융합하도록 SW 기초 교육 과정을 개설하는 등 교육과정을 바꾸고 있습니다. 국내만 해도 SW 관련 전공 대학은 다음 그림과 같이 증가하였습니다. 2015년 8개 대학을 시작으로 2021년도에는 41개교가 SW 대학으로 선정되어 운영하고 있습니다.

서울/경기

15년 가천대, 고려대, 서강대, 세종대, 아주대, 성균관대 (사업기간종료)
16년 국민대, 동국대, 한양대, 서울여대
17년 경희대, 광운대, 단국대, 중앙대
18년 건국대, 숭실대, 한양대에리카
19년 이화여대, 상명대, 한국외대
21년 가천대, 경기대, 성균관대, 삼육대*, 한국항공대*

강원

18년 강원대, 한림대
19년 연세대 원주

대전/충청

15년 충남대 (사업기간종료)
16년 KAIST
18년 선문대, 우송대
19년 충북대, 배재대, 호서대
21년 충남대, 순천향대

대구/경북

15년 경북대 (사업기간종료)
17년 한동대
19년 대구 카톨릭대, 안동대
21년 경북대

광주/전북

17년 조선대
18년 원광대
21년 전남대

부산/경남

16년 부산대
18년 동명대
19년 동서대

제주

18년 제주대

*특화트랙:중 · 소규모 대학

출처: https://www.swuniv.kr/condition

SW 대학은 정부로부터 6년간 최대 120억의 지원금을 받아 교육 시설에 적극적으로 투자하고, 산학 프로젝트를 통해 학생의 역량을 최대로 끌어 올립니다. 교육부 통계에 따르면 타 대학과 비교해 SW 중심대학을 졸업한 학생의 취업률과 창업 건수가 상대적으로 높다는 것을 확인할 수 있습니다.

취업률 (20년 공시기준)

63.5% — 전국대학
67.9% — 전국SW학과
74.8% — SW중심대학

창업건수

9건 — 2015 (8개교)
대학당 평균 3.4건 증가
138건 — 2020 (40개교)

SW 중심대학협의회 서정연 회장

Q. SW중심의 전문인력 양성이 중요한 이유는 무엇인가요?

A. 이제는 프로그래밍이 필수 소통 도구로 자리 잡았습니다. 전 분야에서 SW역량을 갖춰야만 하는 시대가 올 것입니다. '자신만의 알파고'를 활용한 아이디어 설계의 힘을 가진 SW중심대학 인재들이 대한민국 경제를 이끌어 가는 핵심인재가 될 것으로 기대합니다.

배두환 한국과학기술원 전산학부 교수

Q. SW중심대학 선정 이후 어떤 변화가 있나요?

A. 사업 선정 이후 전산학을 전공하고자 하는 학생수가 급격히 늘었습니다. 복수전공, 부전공 학생도 급증했습니다. 이에 따라 교육에 필요한 교수 및 조교 인력 확보, 교육 인프라 확대 등 선순환이 형성되고 있습니다. 정부 차원의 인재육성 사업이 주는 긍정적인 영향이라고 생각합니다.

구글코리아 정명훈 이사

Q. SW중심대학 학생들의 산학협력 프로젝트 경험이 실제 업무에서 어떤 도움이 되나요?

A. 경험을 해봤다는 것이 가장 큰 장점입니다. 현장에 있는 분들과 함께 이야기를 나누면서 작업을 해본 경험이 있으니 실제 업무에서도 현장 분들이 뭔가를 얘기해주면 그것을 듣고서 호기심을 가지고 본인들이 개발하는 능력이 있다는 점이 훨씬 좋았던 것 같습니다.

출처: https://www.swuniv.kr/4-

SW 중심대학뿐만 아니라 일반 대학도 SW, 인공지능 등을 필수적이라고 생각하며 이에 대한 교육을 강화하고 있습니다. 성균관대 신동렬 총장은 2019년 매일 경제와의 인터뷰에서 미래에는 전공에 상관없이 AI를 이해하고 소통하는 능력이 중요하다고 이야기했습니다. 특히 인간과 협력하는 상태로 제어하기 위해서는 예술, 사회학, 정치학, 경제학 등 모든 분야의 전공자가 인공지능을 이해하고 있어야 한다고 강조했습니다. 이를 위해 계열에 상관없이 인공지능을 배울 수 있도록 교육과정 개편을 시도하고 있다고 합니다.

또한 고려대 영문학과 남호성 교수도 동아일보와의 인터뷰[4]에서 '코딩의 중요성'을 강조했습니다. 남교수는 언어 공학 연구소(NAMZ)를 운영하며 문과 학생에게도 전공과 상관없이 수학과 코딩을 가르쳐 왔습니다. 그 결과 현대 자동차와 기아 자동차 내비게이션에 탑재된 음성 인식 시스템을 개발하는 성과를 내기도 했습니다. 남교수는 "인문계 학생들이지만 어떤 컴퓨터 공학자보다 기술 수준이 떨어지지 않는다"고 말하며, 이어 "지금은 수학과 코딩을 모르면 살아남을 수 없는 시대."라고 코딩이 모두에게 필요한 역량이라고 강조했습니다.

---

4) https://www.donga.com/news/article/all/20200829/102697117/1

다양한 분야의 산업계에서 SW 역량을 갖춘 사람들을 요구

SW는 융합과 소통에서 사용되는 문제 해결을 위한 중요 언어가 될 것

하나의 문제를 해결하기 위해 다양한 분야의 전문가들이 함께 힘을 모아야 하는 시대

비대면 서비스에서도 SW의 역량은 필수적

SW 역량이 다가오는 세대에 필수적인 이유는 다음과 같습니다. 먼저 다양한 분야의 산업계에서 SW 역량을 갖춘 사람들을 요구하기 때문입니다. SW 역량을 갖추었다는 것은 업무 능력에 강력한 도구가 있다는 뜻이며 이를 다양한 분야에 확장할 수 있습니다.

또한 SW는 융합과 소통에서 사용되는 문제 해결을 위한 중요 언어가 됩니다. 이제는 하나의 문제를 해결하기 위해 다양한 분야의 전문가들이 함께 힘을 모아야 하는 시대입니다. 각자의 아이디어와 각 전문성을 융합하여 해결 방법을 찾을 때 주로 SW를 사용합니다. 2013년 노벨상을 받은 3명의 학자는 화학 분야에서 각자의 전문성을 활용한 컴퓨터 시뮬레이션을 통해 화학 작용을 예측하기도 했습니다. 이처럼 문제를 해결하는 과정에서 인공지능을 활용하는 사례가 점점 더 많아질 것입니다. 인공지능을 잘 활용하기 위해서 SW 역량은 더욱 필요합니다.

마지막으로 비대면 서비스에서도 SW의 역량은 필수적입니다. 코로나19 팬데믹 이후 전 세계적으로 일상화되는 비대면 서비스에서 SW의 수요는 더욱 커지고 있습니다. 직접 교류보다 온라인을 통해 만나고 의사소통하며 온라인 쇼핑도 점점 늘어나고 있습니다. 일상의 많은 활동이 온라인으로 확대될 것으로 예상되므로 이에 대비한 SW의 수요는 더욱 늘어날 것입니다.

2. 대학의 SW 교육에 따라 중요해지는 SW 역량

앞서 나온 표를 다시 살펴봅시다. 이 표의 내용은 2015년 교육부에서 발표한 전공별 취업률인데, 전반적인 취업률은 인문보다 공학계열이 상대적으로 높습니다. 이러한 현상이 지속되자 인문계열 대학생에게 이전까지 공학계열 소양으로 여겨지던 코딩 역량을 키워보자는 열풍이 불었습니다. 최근 인재 채용에도 코딩을 통한 문제해결 능력과 그 구현에 높은 점수를 주고 있는 경우가 많아져서 인문계 학생들이 컴퓨터 관련 학과로 복수전공을 하거나 학과를 옮기려고 노력합니다.

구분	2014	2015	2016	2017
총계	67.0	67.5	67.7	66.2
인문계열	57.3	57.6	57.6	56.0
사회계열	63.9	64.3	64.7	62.6
교육계열	68.6	68.6	66.8	63.7
공학계열	73.1	72.8	71.6	70.1
자연계열	63.6	63.9	64.0	62.5
의약계열	80.8	82.2	83.4	82.8
예체능계열	59.6	61.9	63.6	63.0

실제로 서울대학교 컴퓨터공학부의 2017~2018년 복수 전공 선발 현황을 살펴보면 문과생의 비율이 50%를 꾸준히 넘은 것을 확인할 수 있습니다.

서울대 컴퓨터공학부 복수전공 선발 현황
단위: 명. 괄호는 비중.

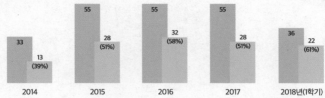

수강인원 / 문과생 수

	2014	2015	2016	2017	2018년(1학기)
수강인원	33	55	55	55	36
문과생 수	13 (39%)	28 (51%)	32 (58%)	28 (51%)	22 (61%)

프로그래밍 동아리 '피로그래밍' 인문사회계열 신입생 비중

2017년 2학기	32%
2018년 1학기	36%
2018년 2학기	69%

학생들은 복수전공을 위해 1학년부터 관련된 동아리 활동을 하며 SW 역량을 키웁니다. 서울대 프로그래밍 동아리인 '프로그래밍'의 2018년 신입생 중 인문 사회계열의 비중이 70%에 달한다는 것을 알 수 있는데, 이는 코딩을 미리 배우려 프로그래밍 동아리에 가입하는 문과 신입생이 증가했기 때문입니다. 동아리뿐만이 아닙니다. 학원이나 온라인 코딩 교육 시장도 더불어 확산되고 있습니다.

인문 사회 분야의 전공생 중 코딩 능력을 갖춘 후에 IT 업체에 진출하기도 합니다. 경영, 경제를 배운 학생이 IT업체에서 경영, 경제와 관련 서비스를 개발하기도 하고, IT의 특성을 알고 업체 자체적으로 필요한 경제, 경영 분야에서 활약하기도 합니다.[5] 실제로 AI를 통해 암을 진단하는 도구를 개발하는 업체인 딥 바이오의 김선우 대표는 "전공과 관계없이 문제를 해결하려는 성향이 발달해 있다면 우선하여 채용한다"라고 말합니다. 최근 이 회사에서 채용한 개발자 중 한 명은 영문학과 철학을 복수 전공한 문과생이었다고 합니다.

---

5) https://www.mk.co.kr/news/business/view/2019/05/293651/

잠깐만!
SW 역량 외에
갖추어야 할 소양은
어떤 것일까요?

대학의 교육과정에서 기초과목의 역량을 충실히 키워야 합니다. 전공 지식을 뒷받침해줄 수 있는 수학과 기초 과학 역량을 키워야 합니다. 대학에서 배우는 기초과목은 해당 전공에서 핵심으로 갖추어야 할 지식과 역량입니다. 산업에서 활동하고 있는 다양한 이론은 전공 과정에서 배우게 되는 지식을 바탕으로 개발되고 설계되었습니다. 개발자가 되었을 때 이러한 이론과 알고리즘을 제대로 이해하기 위해 튼튼한 전공 기초지식이 필수입니다. 기초지식이 있어야 개발 과정에서 데이터에 관한 이해와 해석을 할 수 있고, 자연스럽게 개발을 감당할 수 있습니다.

다양한 분야를 공부함으로 상식을 골고루 쌓는 것도 중요합니다. 대학에서 전공 외에 자유롭게 다른 학과나 교양 과목을 배울 기회가 있습니다. 이러한 과목을 수강하여 지식을 넓히는 것은 여러모로 도움이 됩니다. 이를 통해 융합을 위한 역량을 키울 수 있습니다. 이제는 하나의 문제를 여러 분야의 전문가가 모여 살펴보고 각 분야의 특성과 장점을 모아 해결하는 문제 해결력이 중요합니다. 자신의 분야에만 몰두하면 SW 역량은 깊어지나 다른 관점의 시야는 한계에 부딪힐 수 있습니다.

우리가 살아가는 사회에 관심을 가지는 것도 중요합니다. SW 역량을 프로그래밍의 구현에 발휘할 수 있지만 일부는 사회의 수요를 파악하고, 문제를 해결하는 기획자의 입장이 필요합니다. 좋은 기획자가 되기 위해서 일상생활과 사회에서 무엇을 필요로 하는지를 살펴야 하고, 사업으로서의 가치를 살피는 능력도 요구됩니다. 사소해 보이니 많은 사람이 불편하다고 느끼는 것을 해결하려 개발한다면 많은 사람이 사용하게 될 것입니다. 앞서 살펴봤던 '토스', '열나요', '호갱노노' 등 같은 경우는 사회 전반에 큰 획을 긋는 변화가 아니었지요. 일상에서 소소하게 느끼는 작은 불편함을 개선하려는 노력이 많은 사람의 공감을 얻은 사례들입니다.

따라서 대학 재학 중 사회에 관한 관심을 두고 다양한 사람과 소통하는 관계, 다양한 의견을 귀담아듣는 포용성을 두루 갖추는 것이 미래 인재에게 요구됩니다. 물론 청소년 시기부터 미리 노력하는 것은 장래에 큰 도움이 됩니다.

3. SW 대학 입시 전형

대학은 SW 인재로 성장할 대표적인 관문이라고 할 수 있습니다. SW로 대학에 가기 위해 어떻게 준비해야 할까요? 혼자서 코딩 공부만 열심히 한다고 대학에 쉽게 입학하기는 어렵습니다. 대학에 들어가기 위해 대입 입시 제도를 이해해야 하고, 대학이 해당 학생의 역량을 알도록 노력해야 합니다. 먼저 현재의 대학 입시 제도를 살펴보고 그 제도 안에서 학교생활을 어떻게 해야 할지 살펴보도록 하겠습니다.

대학 입시는 시기별로 수시와 정시로 나눕니다. 수시는 대학별 고사의 시기가 대학별로 자체적으로 정하기 때문에 수시라고 하고, 정시는 수능을 기준으로 시기가 정해져 있어서 정시라고 부릅니다. 시기별로 수시전형이 9월 중순에 주로 원서 접수를 시작해서 수능 후 약 2~3주 정도에 전형이 마무리됩니다. 합격자 발표 및 등록이 12월 중순까지 진행된 다음, 다음 정시 전형이 시작됩니다. 정시 전형은 1월 중 합격자 발표를 시작으로 2월 초에 모든 합격자 발표가 마무리됩니다.

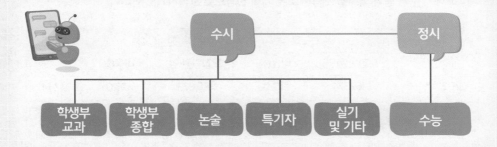

수시전형은 학생부 교과, 학생부 종합, 논술, 특기자, 실기로 크게 나눌 수 있습니다[6]. 학생부 교과는 내신 시험으로 받은 교과 성적을 위주(50% 이상)로 선발을 하는 전형이며, 대학에 따라 1차 합격 발표 후 2차 면접을 시행하기도 합니다.

학생부 종합은 학생부를 기준으로 하는 정성평가 위주로 선발을 하는 전형입니다. 학생부,

---

6) 그 외 고른 기회 전형, 면접 전형, 지역 인재 등 다양한 전형도 존재합니다. 이 책에서는 크게 전형에서 평가하는 방식에 따라서 학생부 교과, 학생부 종합, 논술, 특기자, 실기로 구분하였습니다.

자기소개서, 추천서 등의 서류를 바탕으로 선발을 합니다. 교과 전형과 비슷하게 서류 100%로 선발을 하기도 하고 서류로 1차 합격 발표 후 2차 면접을 진행하는 곳도 있습니다.

논술 전형은 교과 내용을 바탕으로 제시된 문항을 읽고 서술하는 시험 형식입니다. 학과의 특성에 따라 인문 사회 과학 내용으로 출제를 하기도 하고, 수학, 과학 내용을 출제하기도 합니다. 대학별로 예시 논술 문항과 출제 방향을 미리 발표하고 예시 문항도 입학처 홈페이지에 탑재하고 있습니다.

특기자 전형은 일부 대학에서 시행하는 전형입니다. 학생부 종합 전형이 학생부에 기재된 학교 활동 실적을 중심으로 평가하는 반면 특기자 전형은 학생부뿐만 아니라 학교 외부 활동, 외부 수상 실적 등 자신의 역량을 증명하는 내용을 모두 평가의 요소로 반영합니다.

실기전형은 주로 예술 및 체육 분야에서 시행하고 있으며, 해당 전공에 대한 소질과 소양이 어느 정도 있는지를 실기 과제를 통해 살펴보는 전형입니다.

정시 전형은 수능 성적에 의해 당락이 좌우되는 전형입니다. 내신이나 출결 등과 같은 항목도 일부 반영하나 실질 반영률은 매우 낮아서 수능이 곧 정시라고 생각해도 됩니다. 일부 대학교에서 수능 평가 영역을 포함한 고른 기회 전형으로 모집하기도 합니다.

구분	수시모집		정시모집		계(명)
	모집인원(명)	비율(%)	모집인원(명)	비율(%)	
2021학년도	267,374	77.0	80,073	23.0	347,447
2020학년도	268,776	77.3	79,090	22.7	347,866
2019학년도	265,862	76.2	82,972	23.8	348,834
증감 (2021~2020)	-1,402	-0.3	983	0.3	-419

수시전형은 정시 전형이 진행 전에 합격과 불합격이 결정되고, 모집인원도 정시보다 더 많습니다. 졸업생들의 경우 수능에만 집중할 수 있어서 일반적으로 수시는 재학생, 정시는 졸업생이 절대적으로 유리하다는 인식이 있습니다. 최근 정시를 30%까지 늘리는 정책이 추진되어 정시 전형이 확대될 것이라는 예상이 있지만 이미 30% 이상 선발하는 학교도 많고, 실제로 수시에 충원되지 못한 인원을 정시에서 모집해왔기 때문에 얼마나 영향을 미칠지 예측이 어렵습니다.

[2021학년도 대입 수시모집 전형유형별(정원내) 모집인원]

지역	수시전형			
	교과전형	학생부종합전형	논술전형	실기전형
서울	10,066	27,507	7.305	3,808
인천	1,407	2,466	530	309
경기	13,907	8,193	1,526	2,828
전국합계	136,493	74,421	11,135	18,507

수시 전형 중에 교과 전형은 2021학년도 전체 모집인원 중 가장 높은 비율인 42%를 차지합니다. 하지만 상위권 대학이 많이 몰린 서울 지역은 학생부 종합 전형의 비율이 높습니다. 대학에서 추구하는 인재상에 맞는 학생을 생활기록부, 자기소개서, 추천서, 면접 등을 통해 선발할 수 있으며 다양한 분야를 평가 요소로 적용할 수 있습니다. 대학의 선발 자율권이 보장되기 때문에 상위권 대학들은 학생부 종합 전형을 선호합니다.

상위권 대학의 학생부 종합전형을 대비하기 위해 고등학교에선 다양한 프로그램(중점화 학교, 방과 후 학교 및 다양한 동아리 활동, R&E 활동 등)을 진행합니다. 학생부 종합전형이 일반 교과 위주의 지식이 아닌 다양한 교육을 통해 통합적인 인재를 키운다는 장점이 있지만, 학생의 역량이 아닌 학교 운영 프로그램이 입시에 영향을 주는 것이 옳지 않다는 의견도 만만치 않습니다. 따라서 이런 요소가 생활기록부에 영향을 주지 않게 매년 입시 제도를 보완하며 그 부작용을 최소화하기 위한 노력이 계속 진행되고 있습니다.[7]

예전에는 학생부 종합전형을 적용했으나 입시 결과에서 변별력이 크지 않아서 다시 교과전형으로 전환한 비수도권의 대학이 있습니다. 즉, 수도권은 종합 전형, 비수도권은 교과 전형으로 초점을 맞춘 수시 형 구도가 형성되어 있다고 볼 수 있습니다.

---

7) 정착기를 거친 후 학생부 기재요령이 바뀌면서 연구 활동이나 소논문 기재가 금지되고, 방과 후 수업을 기록하지 않는 등 매년 변화가 있습니다. 학교에서는 매년 생활기록부 기재요령을 확인하고 대입 전형과 관련한 안내를 하고 있습니다.

4. SW 역량을 평가하는 핵심 전형

대학 입시 전형 중에 SW 관련 내용을 개인 역량, 활동 실적 등에 담을 수 있는 전형은 학생부 종합전형과 특기자 전형입니다. 두 가지 전형에서 공통으로 참고하는 핵심적인 요소는 학교생활기록부입니다. 학교생활기록부는 학생의 학교생활 전반적인 내용을 작성하는 서류로서 다음과 같은 항목을 기재하게 됩니다.

인적, 학적 사항		성명, 성별, 주민등록번호, 주소 학적 변동 사항(이전 학교 졸업, 입학, 전입, 편입 등)
출결사항		수업 일수와 출결 특이사항 (지각, 결석, 조퇴, 결과 등)
수상 경력		교내 상 기재. 수상 명과 등위, 수상 연월일, 기관, 참가 대상(인원) 기재 – 학기당 하나만 대학 입시에 반영. (2021학년도 고1부터 대입에 미반영)
자격증 및 인증 취득		재학 중 취득한 자격증 기재 (대입자료 미제공)
창의적 체험활동	자율 활동	– 학교 교육계획 정규교육과정에 의해 학교에서 주최하고 주관하여 실시한 활동 – 학급 및 학교 단위의 자치 활동
	동아리 활동	– 정규교육과정 동아리활동 정규교육과정 내 학교스포츠클럽 (활동 및 청소년단체활동 포함) – 정규교육과정 이외 학교 스포츠클럽 활동 클럽명과 이수시간 – 학교교육계획에 의한 정규교육과정 이외의 자율동아리활동 : 동아리명 및 간단한 동아리 소개 (2021학년도 고1부터 대입에 미반영) – 학교교육계획에 의한 정규교육과정 이외의 청소년단체 활동 (단체명)
	봉사 활동	(2019학년도부터 봉사활동 특기사항은 기재하지 않습니다)
	진로 활동	1) 특기 진로희망과 관련된 학생의 자질 학생이 수행한 노력과 활동 2) 학생의 특기 진로를 돕기 위해 학교와 학생이 수행한 활동과 결과 3) 학생 학부모와 진로상담을 한 결과 4) 학생의 활동 참여도 활동 의욕 태도의 변화 등 진로활동과 관련된 사항 5) 학급담임교사 상담교사 교과담당교사 진로전담교사의 상담 및 권고 내용
교과 학습 발달 상황		교과별 내신 성적 교사의 관찰에 의한 과목별 세부 능력 특기사항
독서 활동 상황		독서 활동 (제목과 저자만 입력) (2021학년도 고1부터 대입에 미반영)
행동특성 및 종합 의견		담임교사가 관찰한 학생의 행동 특성 및 종합적인 의견

학교생활기록부는 초, 중, 고 모두 기록하고 있고, 고등학교라고 해서 크게 다르지 않습니다. 하지만 대학은 고등학교 학교생활기록부만 전산으로 확인을 합니다. 또한 학생부 종합 전형에서 자기소개서와 추천서는 모두 학교생활기록부를 기반으로 작성되어야 합니다. 대학에서 학교생활기록부를 통해 무엇을 확인할까요?

5. 대학에서 평가하는 학교생활기록부

대학은 학생부 종합전형에서 학업 역량, 전공 적합성, 발전 가능성, 인성의 4가지를 평가 요소로 삼아 살펴봅니다. 이 4개의 평가 요소 각각의 하위 요소는 아래 그림을 참고하세요. 말로만 봐서는 추상적인 느낌이 강한 4가지 평가 요소가 학교생활기록부에 어떻게 적용이 되는지 실제 입시지도 사례로 살펴보도록 하겠습니다.

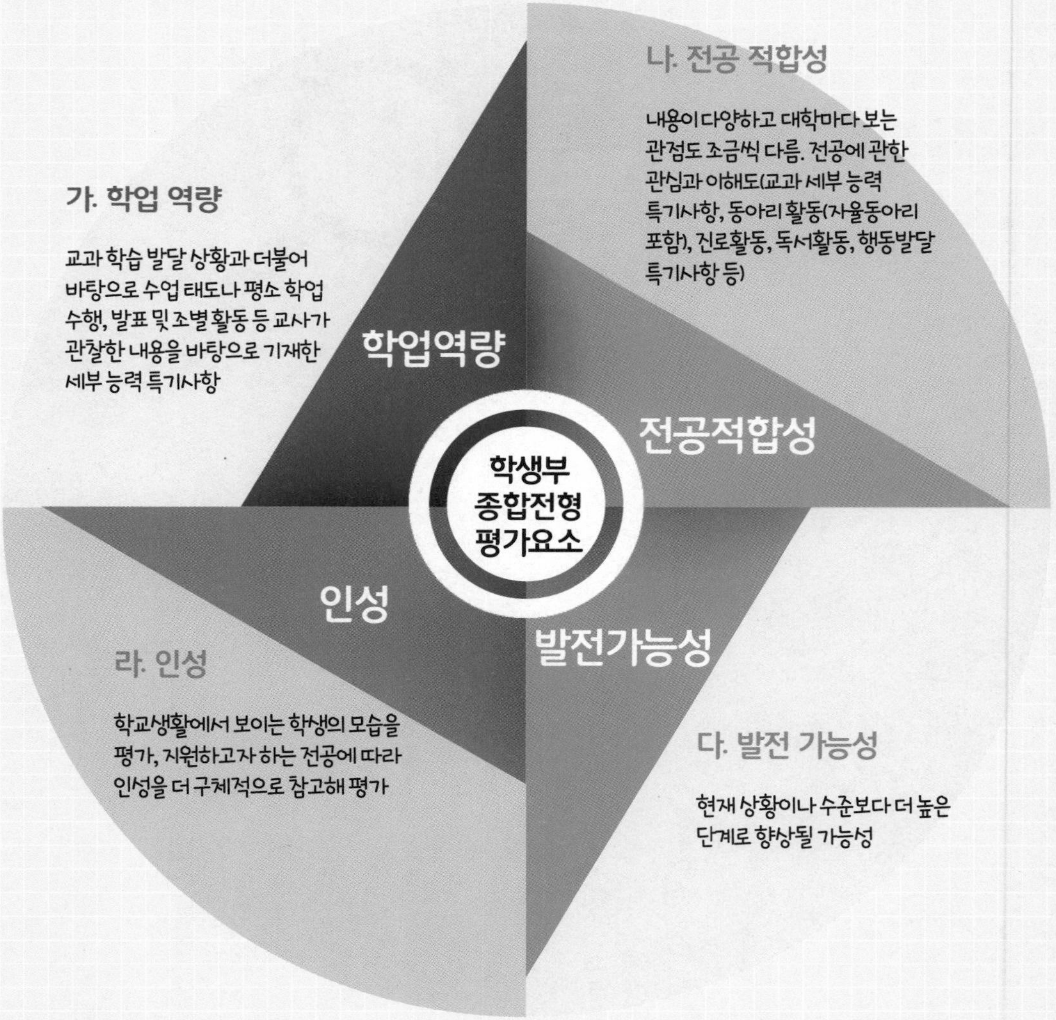

가. 학업 역량

교과 학습 발달 상황과 더불어 바탕으로 수업 태도나 평소 학업 수행, 발표 및 조별 활동 등 교사가 관찰한 내용을 바탕으로 기재한 세부 능력 특기사항

나. 전공 적합성

내용이 다양하고 대학마다 보는 관점도 조금씩 다름. 전공에 관한 관심과 이해도(교과 세부 능력 특기사항, 동아리 활동(자율동아리 포함), 진로활동, 독서활동, 행동발달 특기사항 등)

다. 발전 가능성

현재 상황이나 수준보다 더 높은 단계로 향상될 가능성

라. 인성

학교생활에서 보이는 학생의 모습을 평가, 지원하고자 하는 전공에 따라 인성을 더 구체적으로 참고해 평가

학생부 종합전형 평가요소 / 학업역량 / 전공적합성 / 인성 / 발전가능성

가. 학업 역량

학업 역량은 교과 학습 발달 상황을 바탕으로 평가됩니다. 먼저 내신 평점이 몇 등급이냐에 따른 정량적인 평가가 어느 정도 반영됩니다. 더불어 수업 태도나 평소 학업 수행, 발표 및 조별 활동 등 교사가 관찰한 내용을 바탕으로 기재한 세부 능력 특기사항을 참고합니다. 학업역량 평가의 목적은 지원 학생이 우리 대학에 입학할만한 학업적 역량이 있는지를 파악하는 것입니다.

내신 성적은 학생부를 활용하는 전형에서 가장 큰 영향을 미칩니다. 교과 전형은 교과 점수에 따라 세밀하고 정밀한 줄 세우기를 합니다. 반면 학생부 종합 전형은 참고자료로 사용한다는 점에서 교과 전형과 차이점이 있습니다. 이 때문에 간혹 학생부 종합 전형에서 내신만 좋은 학생이 간혹 불합격하기도 합니다. 반대로 과목별 세부 특기사항이 풍부하고 성실한 학업 태도를 보인 학생이 상대적으로 내신 성적이 낮음에도 불구하고 합격하는 사례가 있습니다.

[학교에서의 진학 지도 사례 - 학업 역량][8]

대학교마다 이전에 지원했던 선배의 합격, 불합격 데이터를 어느 정도 보유하고 있어 합격을 위한 내신 성적의 가능 범위가 존재한다고 말할 수 있습니다. 수시 지도를 할 때 가장 먼저 확인하는 사항이 내신 성적이 어느 정도가 되는지 살펴보는 것입니다. 만약 선배들의 데이터와 비교해서 학생이 그 성적대 안에 들어온다면, 다음으로 학교생활기록부 내용을 들여다보게 됩니다.

만약 지원한 학생의 성적이 이전과 비교해 떨어진다면 대학은 학업은 게을리하고 활동만 좋아하는 학생으로 평가할 수도 있습니다. 이런 경우 전공과 관련 역량을 보여줄 준비가 되었다면 특기자 전형을 고려하게 되고, 이조차도 어렵다면 수시 합격 가능성은 낮아집니다.

입학사정관이 고등학교를 방문할 때마다 강조하는 것은 어떤 경우에도 '교과를 뛰어넘는 비교과는 없다'라는 말입니다. 일정 수준의 학업 능력을 갖추었다는 것이 가장 우선되는 평가 요소이기 때문입니다. 내신 성적 관리는 교과 전형에서 전부이고, 종합 전형에서는 전부라고 말하기 어려우나 가장 중요한 요소로 생각해야 합니다. 따라서 6장의 수시 원서 접수에서 지원 학생은 우선 합격 가능성이 큰 대학 2~3개, 학생이 꼭 지원하고 싶은 대학 1~3개, 상황에 따라 반드시 합격해야 하는 안정권 1~2개 정도로 일단 지원 폭을 고민해 보아야 합니다.

---

8)학교마다 입시 지도의 방식은 상황이나 주요 대상 전형에 따라 다양할 수 있습니다.

나. 전공 적합성

전공 적합성 평가의 요소는 그 내용이 다양하고 대학마다 보는 관점도 조금씩 다릅니다. 그러나 공통으로 반영하는 부분은 거의 비슷합니다. 대학은 먼저 지원한 학생이 이수한 과목을 살펴봅니다. 각 고등학교의 개설되는 과목을 파악하고 학생이 해당 전공과 관련 있는 과목을 이수했는지를 확인합니다. 예를 들어, 물리에 관심이 많아 물리학과를 지원한 학생이 있다고 가정합시다. 이 학생이 고등학교 3학년이 되었고, 물리2를 선택할 수 있는 상황입니다. 해당 분야에 호기심이 많다면 물리2를 선택하고 배울 것을 기대할 수 있습니다. 그러나 학생이 해당 과목의 내신 성적이 잘 나오지 않을 것 같다는 이유로 이를 피한다면 어떻게 될까요? 대학에서 큰 의미를 두지 않을 수 있지만, 일부 대학은 이를 심각한 결격사유로 판단하기도 합니다. 해당 과목 선택자의 수가 얼마 되지 않으면 좋은 내신 성적을 받기 어렵더라도 진로에 도움이 된다면 수강하는 것이 바람직합니다. 소수 인원 수강으로 인한 등급 산정의 어려움은 대학도 감안하여 평가합니다.

다음으로 전공과 관련한 과목의 내신 등급을 유심히 살펴봅니다. 수학 역량이 중요한 수학교육과, 통계학과 등에 지원하는데 수학 점수가 가장 낮으면 강력한 마이너스 요인이 되겠죠? 반면 사회 과학 관련 학과에 지원하는데 사회 과목이 다 등급이 낮으면 해당 전공과 맞지 않다고 판단할 것입니다.

또한 전공에 관한 관심과 이해도를 살펴봅니다. 이는 교과 세부 능력 특기사항, 동아리 활동(자율동아리 포함), 진로활동, 독서활동, 행동발달 특기사항 등에 다양하게 나타납니다. 관련 과목에서 학생이 호기심을 가졌거나 관심을 가진 부분에 대해 더욱 깊이 탐구한 활동이 세부 능력 특기사항에 기재되면 좋은 평가를 받을 수 있습니다. 특히 동아리 활동의 경우 학생의 관심사를 보여주는 좋은 사례가 되기도 합니다. 진로와 관련하여 담임 선생님, 진로 지도 선생님, 상담 선생님과 나눈 상담의 내용이 진로활동에 기재되기도 하므로, 이 부분을 잘 활용해도 됩니다. 독서 활동은 책 제목과 저자만 기재한다고 무턱대고 책 제목만 많이 넣지 말아야 합니다. 면접 고사가 있는 경우 독서와 관련하여 질문을 할 수 있기 때문입니다. 무작정 많은 책 제목을 넣는 것은 오히려 학교생활기록부 전체의 신뢰성을 떨어뜨릴 수 있으므로 주의해야 합니다.

전공 관련 집중도와 성과가 학교생활기록부에 여기저기 나타난다면 다른 지원자에 비해 더 좋은 평가를 받을 수 있습니다.

[학교에서의 진학 지도 사례 - 전공 적합성]

학과와 관련한 내용이 학교생활기록부 어디에 있는지 살펴봅니다. 전공과 직간접적으로 관련이 있는 교과목의 등급의 성적도 살펴보고, 비교과 영역(동아리, 독서, 진로 등)에서 전공과의 관련성이 있는지도 살펴봅니다. 만약 그런 기재 내용이 있다면 자세하게 학생과 면담을 통해 살펴보기도 하고, 적합하지 않을 때는 연관성이 높은 전공을 바꿔서 살펴보기도 합니다. 혹시 SW에 관심이 있다고 하는 학생이라면 교과에서 소개된 다양한 공학 도구를 사용하거나 SW를 활용한 탐구 활동을 수행한 내용이 있는지 살펴봅니다.

2020학년도에 포스텍 컴퓨터공학과에 입학했던 한 학생의 실제 사례를 들어보겠습니다. 이 학생은 1학년 때 수학동아리를 하면서 수학적 개념을 컴퓨터 코딩과 연결해 활동했고, 2학년 때 코딩 동아리 활동을 통해 SW 역량을 쌓는 데 도움이 될 만한 활동들을 했습니다. 3학년 때는 진로 탐색 동아리를 하면서 빅데이터를 활용한 진로 탐색을 통해 자신의 미래를 더욱 구체적으로 그려보기도 했습니다. 3년간 다른 동아리를 했지만 각 동아리에서 컴퓨터공학과 공통점이 있는 부분을 꾸준히 연결한 것을 볼 수 있습니다. 이 때문에 동아리는 다 달라도 전공 적합성 부분에서 일관적이라고 평가를 받았을 것입니다.

진로활동으로는 학교의 컴퓨터공학 안내 활동에 참여했고, 진로와 관련하여 스마트 교실을 만드는 아이디어를 제안하는 활동을 해보기도 했습니다. 3학년 때는 SW를 활용해 미세먼지를 측정하고 데이터를 활용하는 컴퓨터 관련 진로활동 모습을 보였습니다.

이 학생의 학교 교육과정에는 정보 교과가 개설되지 않은 상황이었습니다. 그래서 학생은 스스로 코딩하면서 자신이 배우는 다른 과목과 연계하는 활동을 적극적으로 시도했다고 합니다. 세부 능력 특기사항의 일부를 살펴보면 다음과 같습니다.

[수학2]

특히 그래프를 좌표평면 위의 그래프에서 벗어나 집합들과 꼭짓점들의 연결로 표현할 수 있다는 것을 이해했고 이를 친구추천 프로그램의 활용과 연결해 설명하는 보고서를 제출, 발표함. 실제로 파이썬 프로그램을 통해 이를 코딩해봄으로써 그래프와 공학, 컴퓨터 프로그램과의 관계를 구체화하는 경험을 함.

[확률과 통계]

수학적 확률과 통계적 확률의 관계를 실제로 C언어 프로그래밍을 이용하여 프로그램을 컴파일하여 시연함. 평소에도 컴퓨터 프로그래밍에 관심이 많아 발표를 실제 자신 있어 하는 프로그래밍 언어로 프로그램을 컴파일하여 시연하는 행동이 돋보임. (중략) 프로그램에서 시각적으로 유저 인터페이스도 적절하게 구축하여 주사위 눈이 보이게끔 하거나 프로그램을 실행시켜서 누구나 실험을 해볼 수 있도록 한 것이 훌륭함. 대신 너무 큰 숫자에서는 연산 과부하 등이 걸릴 것을 예측하지 못하고 시연을 한 것이 아쉽지만 완성도가 정말 높은 발표를 함.

다. 발전 가능성

발전 가능성은 현재 상황이나 수준보다 더 높은 단계로 향상될 가능성을 의미합니다. 수업 시간에 배운 내용에 대한 호기심, 동아리나 교실 내에서 문제를 해결한 상황, 각종 캠프 및 강연 참석 내용, 조별 활동이나 동아리, 학급 자치활동 등에서 단합을 끌어내는 역량 등 다양한 부분에서 정성적인 평가가 이루어집니다. 이 내용은 생활기록부 외에도 자기소개서나 추천서를 통해서 다각적으로 확인하려고 하는 역량입니다.

쉽게 확인할 수 있는 부분은 내신 성적의 추이입니다. 가장 좋은 것은 꾸준하게 좋은 성적을 유지하는 것이지만 갈수록 성적이 하향하는 경우 발전 가능성 부분에서 감점 요인이 될 수 있습니다. 어떤 학기는 성적이 내려갈 수는 있겠지만 성적 향상을 보여주는 것이 필요합니다. 반면 지속해서 성적이 향상될 때는 학업 역량에서 부족한 요인을 발전 가능성에서 어느 정도 만회하기도 합니다.

직접적으로 SW 관련 교과가 아니더라도 다양한 교과목에서 SW에 대한 지속적 관심과 SW 진로를 위한 역량을 기르기 위한 활동이 일관적으로 기록되어 있는지가 매우 중요합니다. 학생부 종합에서 전공과 관련이 없는 과목을 '버리는' 행위는 이러한 발전 가능성에서 매우 큰 마이너스가 됩니다. 입학사정관은 다양한 과목에서 일관된 모습이 보이는지를 전체적으로 살펴보고, 역경을 극복한 사례가 있는지도 살핍니다. 구체적인 자신만의 역경 극복 스토리가 있다면 발전 가능성 부분에서 좋은 평가를 받을 수 있습니다.

학교생활기록부에 학생의 자발적인 동기와 호기심으로 활동한 내용이 부족하고, 그 내용도 대부분 학교의 프로그램으로 '키워진' 경우도 큰 점수를 얻지 못할 수 있습니다. 학교생활기록부의 내용이 개별화되지 못하고 전체적으로 '복사해 붙여넣기'의 된 내용이 주를 이룬다면 발전 가능성 부분에서 좋은 평가를 받지 못합니다. 따라서 교과 학습에서 주도적인 역량을 최대한 발휘하고, 또한 다양한 경험을 하고자 노력하는 모습이 적절하게 생활기록부에 기재되는 것이 좋습니다. 이를 위해서 교과 및 다양한 활동의 지도교사 및 담임교사와 잘 소통해야 합니다.

[학교에서의 진학 지도 사례 - 발전 가능성]

학생부 종합 전형에 소위 잘 맞는 학생들의 특징은 끝임없는 호기심과 늘 뭔가를 하려고 하는 적극성을 가지고 있습니다. 굳이 뭔가를 시키지 않아도 주도적으로 더 살펴보거나 탐구한 내용이 있는지, 어떠한 행사나 과제를 졌을 때 참신한 방법이나 체계적인 방법을 통해 해결하는 사례가 있는지 등을 살펴봅니다. 주로 학업 혹은 자신의 역량과 관련된 부분의 태도와 관련한 평가 요인이라고 할 수 있습니다.

이러한 태도 부분에 대해 대학교에서 이미 파악한 경우가 많습니다. 다만 대학에서 이러한 부분을 잘 볼 수 있도록 학교생활기록부에 일관되게 표현할 수 있도록 우선 학생이 노력해야 하고, 또한 교사들도 그 부분을 맞추어 기록해두어야 합니다. 최근 교육계의 핵심 키워드인 교육 과정-수업-평가 일체화가 이러한 부분을 주요 목표로 해서 나온 것입니다.

라. 인성

마지막 평가요소인 인성은 학교생활에서 보이는 학생의 모습을 평가합니다. 지원하고자 하는 전공에 따라 인성을 더 구체적으로 참고해 평가하는 경우가 있습니다. 학급 내 관찰 내용이 주를 이루는 행동 발달 특성, 그리고 공동체에서의 모습과 소통을 엿볼 수 있는 동아리 활동, 교과 내 조별 과제 활동 등의 내용을 참고할 수 있습니다. 학교 폭력과 같이 인성에 심각한 문제가 있는 경우라던가 무단 지각, 조퇴, 결석 등이 자주 있는 경우에 많은 감점이 나올 수 있습니다.

학교생활기록부는 이러한 활동과 관련한 내용의 사실을 동아리 활동이나 자치활동, 세부 능력 특기사항에 기재하고 주관적인 평가를 세부 능력 특기사항에 추가로 더 기재하거나 담임교사가 행동특성 및 종합의견에 기재합니다. 이러한 내용을 기반으로 서류를 작성합니다. 자기소개서도 학교생활을 기반으로 작성하기 때문에 학교생활기록부가 기본이 됩니다.

이처럼 대학 입시를 살펴보면 고등학교 과정에서 학생이 했던 활동이나 실적을 반영할 수 있는 전형은 크게 학생부 종합전형과 특기자 전형입니다. 이 중에서 종합적으로 성실성을 갖추고 있으며 잠재력 부분을 좀 더 부각하고 싶다면 학생부 종합 전형을 준비하는 것이 좋고, 자신에게 있는 특기 및 학교 이외의 수상 및 활동 부분을 더 돋보이게 보이고 싶다면 특기자 전형을 준비하는 것이 좋습니다.

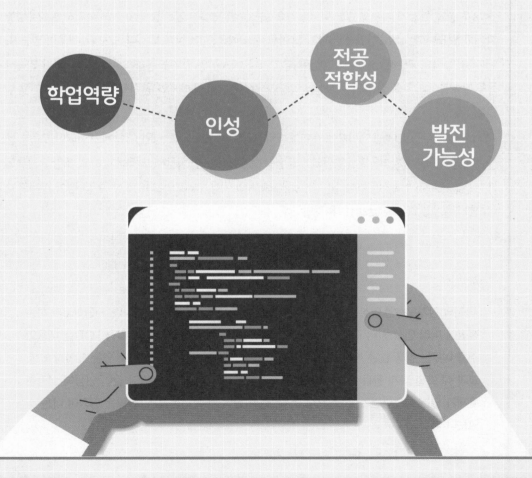

6. 역량 올리고 를 표현할 Tips

가   내신은 개인의 학습 역량을 보여주는 가장 축약된 수치

입시를 대학의 시각에서 바라보는 것이 중요합니다. 대학은 과연 이 학생이 대학에 입학했을 때 충실하게 대학의 교육과정을 잘 따라올 수 있는지, 이미 입학한 선배들만큼 학업 역량을 갖추고 있는지를 살펴보는 경향이 있습니다. 따라서 학생부 종합 전형에서 가장 먼저 신경을 써야 할 것은 학업 역량이고 이를 내신 성적과 세부 능력 특기사항 등으로 증명할 수 있어야 합니다. 내신 성적은 생각보다 지원자의 많은 부분을 보여줍니다. 고등학교 3학년 1학기까지 약 10회의 정기고사를 통해 (수시에서는 생활기록부 자료가 1학기까지가 대학에 전달됩니다) 대학에서의 학업을 잘 수행할 수 있을지, 학생이 고교 교육 과정을 성실하게 잘 이수했는지 판단하기 때문입니다.

학생부 종합전형이 학생부 교과전형과 다른 부분은 내신을 반영하는 방법입니다. 교과전형은 정량적으로만 평가하기 때문에 내신에 따른 평가 점수 방식이 공개되어 있습니다. 이 때문에 합격선이 존재하지만, 종합 전형의 경우는 그렇지 않습니다. 내신 2.0과 2.1이 거의 차이가 나지 않는다고 판단하므로 그 지표에 따라 내신 점수를 환산해 점수화하기보다는 참고자료로 살펴봅니다.

나   역량을 적절히 드러내기

진학하려는 학과가 결정되었다면 그와 관련한 활동이 어느 정도 응집되게 하는 것이 좋습니다. SW와 관련한 교과목의 성적 관리는 필수입니다. 컴퓨터 과학 및 SW와 가장 연관이 있는 교과목은 어떤 것일까요? 정보 교과, 수학 교과 등이 있을 것이고 이를 활용할 수 있는 다양한 활동으로 과학 교과의 성적을 연결할 수 있습니다.

어느 학생이 인공지능의 진로에 관심을 보인다고 가정해보겠습니다. 이때 인공지능 자체에 관심을 보인다면 수학이 중요하겠지만, 인공지능을 활용한 번역에 관심을 보인다면 영어와 연결을 시킬 수도 있고, 인공지능 번역에 관심을 보인다면 국어와도 연결 가능합니다. IOT에 관심을 보인다면 전자기학이 있는 물리, 빅데이터를 통한 마케팅에 관심이 있다면 경제 등의 교과목과도 관련되지요 다만 이런 활동이 너무 과하거나 억지스럽게 연결되지 않아도 괜찮습니다. 정상적인 교육과정 안에서 관심 분야와 자연스럽게 연결하고, 그것을 좀 더 발전시켜서 탐구하는 것도 좋습니다. 때로는 억지스럽게 모든 교과에서 특정 학과와 연결을 시키는 것이 진정성이 떨어져 보이는 효과를 불러올 수도 있습니다.

 학생에게 이수한 정보 교과가 없다고 해서 SW와 관련한 전공 적합성을 보여주지 못하는 것은 아닙니다. 고등학교 과정에서 배우는 정보 교과의 내용은 한정적입니다. 따라서 대학에서는 정보 교과가 있다면 수업 시간에 배운 것을 바탕으로 학생이 무엇에 관심을 보였는지, 무엇을 더 탐구하였는지를 살펴봅니다. 만약 정보 교과가 없다면 이러한 상황 안에서 학생이 진로를 개척하기 위한 노력을 어떻게 기울였는지를 살펴보게 됩니다.

 참고로 요즘에는 전공적합성보다 계열적합성이라는 말을 많이 씁니다. 대학의 일부 학과가 고등학교 교육과정과 연결되는 교과가 없기 때문이기도 하고, 중간에 지원 학생의 진로 희망이 바뀌는 경우도 많기 때문에 학과보다는 폭넓은 시각으로 적절히 판단하려는 움직임으로 이해하면 됩니다.

 다   동아리, 자율동아리, 독서 등을 통해 역량 키우기

 SW와 관련하여 비교과 활동이 더해지면 진로에 관한 진정성 및 관심을 돋보이게 할 수 있습니다. 동아리 활동, 개인적으로 진로 개척을 위해 노력한 활동, 독서 활동 등이 조금씩은 다른 모습으로 하나의 방향을 향한다면 전공 적합성을 잘 드러낼 수 있게 됩니다.

 이러한 활동은 학기 단위, 혹은 1년 단위로 어떠한 하나의 주제를 꾸준하게 할 수 있고, 학교 교육과정과 달리 주도적으로 무엇인가를 할 수 있다는 점에서 교과목의 활동과의 차이를 보여줄 수 있습니다. 코딩을 배우거나 뭔가를 만드는 과제도 좋지만, 하나의 분야에 관해서 깊이 탐구하고 친구들과 나눈 결과를 공유하는 등의 활동도 좋습니다. 특히 교과목에서 깊이 다루지 못했던 내용이나 지나쳤던 내용, 과목 간에 연계한 주제들이 있다면 이러한 활동의 좋은 소재가 됩니다. 예를 들어 윤리와 사회문화, 정보 교과를 융합하여 IOT 및 스마트기기에

의해 파생되는 세대 간의 갈등과 윤리 문제를 파악하는 것과 같은 융·복합적인 주제를 학생의 눈높이에 맞게 답을 찾는 노력을 할 수 있습니다.

학교생활기록부에 기재요령이 바뀌면서 자율동아리는 1년에 하나만 기록이 가능하며, 2021학년도 고1부터 자율동아리 활동과 독서는 대학에 제공이 되지 않는 등의 변화가 있습니다. 학생부 종합 전형, 특기자 전형이라면 생활기록부 기재 여부도 중요하지만 자율동아리, 독서 등은 개인 역량을 키우고 경험과 식견을 넓히는 기본적인 활동임이 분명합니다. 따라서 소홀히 하기보단 눈에 보이지 않는 잠재력을 키우는 활동이라고 이해하고 최선을 다하는 것이 좋습니다.

라　학교의 다양한 활동에 참여하기

학교의 다양한 활동에 학생이 적극적으로 참여한 모습이 드러난다면 적극성, 성실성, 자기 계발 등을 대학에 어필할 수 있습니다. 교과 경시대회에서 학업 역량을 키우기 위한 노력과 대회 준비에서 얻은 경험 등을 자소서 소재로 활용할 수 있을 것입니다. 이 중에서 진로나 전공 등과 관련한 내용이 있을 수 있습니다. 실제 예로 '생각만 해본 앱 개발 대회'라는 것을 학교에서 해본 적이 있었는데, 이를 통해 기숙사 생활, 통학, 자습 등 학교생활에서 나오는 불편한 점을 해결하려는 아이디어가 나오기도 했습니다. 어떤 학생은 스스로 공부를 하면서 카카오톡 챗봇을 개발했는데, 이 과정을 생활기록부와 자기소개서에 잘 표현하여 대학 입시에 활용하기도 하였습니다.

보통의 학생은 수상에서 그 등위에만 신경 쓰는데, 대학의 입학사정관은 수상 결과보다 그 과정에서 학생이 어떤 부분이 변화되었는지에 더 관심을 둡니다. 학교에서 수많은 상을 휩쓰는 학생도 충분히 의미가 있겠지만, 수상 등위는 낮으나 자신의 진로에 큰 영향을 주는 또한 의미있는 활동으로 해석할 수 있습니다. 비록 수상하지 못했더라도 그 준비과정에서 동기 부여를 얻어 진로를 결심한 계기를 찾을 수도 있습니다. 이 때문에 학업에 지장을 주지 않는 한도라면 학생이 다양한 활동에 참여하는 것은 도움이 됩니다.

진로활동 잘 활용하기

학교생활기록부 내용의 대부분은 학교 활동의 결과를 기반으로 합니다. 내신 성적, 세부 능력 특기사항, 독서활동, 동아리 활동, 수상내역 등이 있습니다. 또 개인적으로 진로를 위해 노력을 한 부분을 진로활동에 기록할 수 있습니다. 학교생활기록부 기재요령을 살펴보면,

1) 특기 진로희망과 관련된 학생의 자질, 학생이 수행한 노력과 활동
2) 학생의 특기 진로를 돕기 위해 학교와 학생이 수행한 활동과 결과
3) 학생 학부모와 진로상담을 한 결과
4) 학생의 활동 참여도 활동 의욕 태도의 변화 등 진로 활동과 관련된 사항
5) 학급 담임교사, 상담교사, 교과담당교사, 진로전담교사의 상담 및 권고 내용

을 기재할 수 있습니다. 그중 1)번 내용을 보면 학생 개인적으로 수행한 노력과 활동을 기재할 근거가 됩니다. 개인적으로 진로 희망과 관련한 노력과 활동 결과물을 담임 선생님께 알려드린 후 작성이 되도록 도움을 요청하는 방법을 쓰면 됩니다.

담당 선생님도 학생과의 진로 관련 면담 결과를 틈틈이 기록했다가 학생부에 작성하는 것이 좋습니다. 학생 대부분이 1학년에서 3학년으로 갈수록 진로의 폭을 구체화하는 경향이 있으므로 1학년 때는 조금 포괄적으로, 3학년 때는 좀 더 자세하고 구체적으로 작성하면서 학생이 구체적으로 어떻게 진로 개척을 위해 노력해왔는지를 쓰는 것이 좋습니다.

7. 특기자 전형으로 보이는 Sw 역량

가   특기자는 실적이 중요

학생부 종합전형은 학생의 소양과 전공적합성이 중요한 반면, 특기자 전형은 실적과 활동 내용이 중요합니다. 그 전공 분야에 특기를 가진 학생을 선발하려는 것이 이 전형의 목적이므로, 학교 내, 교외 등 다양한 부분에서 수상 및 활동한 내용을 활용할 수 있습니다.

학교마다 다르지만 특기자 전형의 경우 학생부 종합 전형과 같은 자기소개서를 요구하기도 하고, 별도의 활동 보고서 및 증빙 서류 등을 제출을 요구하기도 합니다. 전국 단위의 공모전에서 수상, 대학 및 다른 학교의 경시대회에서의 수상, 청소년 논문대회에 연구 결과 선정 등과 같이 우수성을 인정받은 결과를 제출할 수 있어야 합니다.

교외 수상 실적이 반드시 필수적인 것은 아닙니다. 학생과 학교의 상황에 따라 대외 실적을 갖추기 어려울 수도 있고, 교내 실적만 가지고도 합격하는 사례도 있습니다. 하지만 공신력이 있는 대회 수상 및 (선발 과정을 포함한) 프로그램 이수 등이 특기자 전형에 도움이 되는 것은 분명합니다.

나   내신 관리도 중요

특기자 전형이라고 내신 관리에 완전히 손을 놓으라는 뜻은 아닙니다. 대학의 입장에서 학생을 선발하는 가장 궁극적인 목적은 대학의 교육과정을 충실하게 이수할 능력이 있는지를 살펴보는 것입니다. 하지만 학생의 활동 성과가 크지만 내신 관리가 엉망이거나 인성에서 심각한 문제를 보이면 감점 요인이 될 수 있습니다. 하지만 학생부 종합전형은 비교적 엄격하게 내신을 참고하지는 않습니다. 다만 관련 교과의 성적이 좋거나, 활동이 있으면 훨씬 도움이 됩니다.

다   무난한 스펙은 기본, 특별한 경험이 있으면 금상첨화

학생부 종합 전형에는 두루두루 학교생활을 성실하게 한 학생들이 전공 적합성을 갖춰서 경쟁한다고 했습니다. 그러면 특기자 전형에서는 어떤 학생들이 경쟁할까요? 각 전공에서 요구하는 기본적인 능력과 스펙은 대부분 갖추고 있을 것입니다. 특기자 전형에서 돋보이려면 좀 더 심화하거나 때로는 남이 하지 못한 독특한 경험이 있는 경우 경쟁력이 됩니다.

학생부 종합 전형은 성실하고 모범적인 학생의 모습이 선호된다면 특기자 전형에서는 엉뚱하지만 재미있는 덕후 기질이 풍부한 스타일, 가만히 놔둬도 그 분야에 계속 파고들어 성과를 이루어낼 것 같은 학생이 더 잘 맞습니다.

라   특기자에게 필요한 것은 끝없는 호기심과 문제해결력

위인에 비유하면 학생부 종합 전형은 레오나르도 다빈치 같은 사람이고, 특기자 전형은 에디슨 같은 사람입니다. 다빈치는 통합적인 사고와 다양한 재능을 보여주었던 팔방미인이지만 에디슨은 엉뚱함과 기발함으로 다른 사람들이 미처 생각해내지 못한 많은 발명품을 만들어냈던 사람입니다.

특기자 전형으로 어필하려면 또 하나의 에디슨이 되면 됩니다. 다만 엉뚱한 호기심에만 빠지지 말고 그 호기심을 해결하기 위해 자신이 알고 있는 모든 것을 동원해서 모르는 내용을 끊임없이 자발적으로 배우며 결국 문제 해결을 해낼 수 있는 도전정신을 가진 사람이 특기자 전형에 더 잘 맞습니다. 입시 시작 전까지 그러한 부분에서 실적을 내고 결과를 만들어야 합니다. 만약 그렇지 않다면 특기자로서 자질을 증명할 방법이 없으니까요.

한걸음 더

SW 중심대학이란? SW 중심대학사업에 선정된 40개교 가운데 32곳은 신입생을 선발할 때 별도의 SW 전형을 운영하고 있습니다. 대학별로 특기자 전형이나 학생부 종합전형으로 운영하는데, 작년에 발표한 2021 수시모집 요강에 따르면 8개 대학이 특기자 전형, 24개 대학이 학생부 종합전형으로 선발합니다.

지역	대학	지역	대학	지역	대학	지역	대학
서울/경기	가천대	서울/경기	서울여대	강원	강원대	대구/경북	경북대
	건국대		성균관대		연세대(미래)		대구카톨릭대
	경희대		세종대		한림대		안동대
	고려대		숭실대	대전/충청	KAIST	부산/경남	한동대
	광운대		아주대		배재대		동서대
	국민대		이화여대		선문대		동명대
	단국대		중앙대		우송대		부산대
	동국대		한국외대		충남대	광주/전북	원광대
	상명대		한양대		충북대		조선대
	서강대		한양대(ERICA)		호서대	제주	제주대

SW 특기자 전형이란? SW 특기자 전형은 SW 분야에 강점을 가진 인재들을 선발하는 전형입니다. 이 전형은 앞에서 살펴본 수시전형과 별도로 진행되는 것이 아니라, 수시전형 중의 하나인 학생부 종합, 특기자 전형의 형태로 진행이 되고 있습니다. 많은 대학이 최초에는 특기자 전형으로 분류하여 모집했지만, 최근에는 학생부 전형으로 옮겨서 선발합니다. 가령, 2021년 대입에서 한국외대와 동국대의 경우 특기자 전형을 학생부 종합 전형으로 변경하여 선발했습니다.

SW 특기자 전형에는 자신의 특기를 잘 드러내야 합격 가능성을 높일 수 있습니다. 교과와 관련한 다양한 활동과 탐구 실적 외에도 코딩 봉사나 관련 전문 분야의 독서, 수상 실적, 동아리 활동 등으로 자신의 능력과 활동을 드러낼 수 있는 것이 도움이 됩니다.

SW 특기자 전형이라고 해도 전형 유형이 학생부 종합 전형인지, 특기자 전형인지를 반드시 구분해야 합니다. 이를 구분해야 하는 이유는 서류를 준비할 때 학교생활기록부 외의 교외 실적을 추가로 제출할 수 있는지가 다르기 때문입니다. 제출 서류의 양식도 다릅니다. 학생부 종합 전형의 경우 공통 양식을 사용하지만 특기자 전형의 경우 일부 대학은 학교생활기록부와 자기소개서를 입력하기도 합니다. 원하는 대학에 SW 특기자 전형이 있더라도 입학처 홈페이지에 공개된 입학 요강을 꼼꼼히 살펴보면서 확인해야 합니다. 잘 모르는 것이 있을 때는 대학 입학처에 전화를 걸어 확인하는 것이 좋습니다.

3장
SW에 다가서기

◎ 코딩 공부 시작하기
◎ 독학을 위한 강의 사이트 안내
◎ 독학을 위한 테스트사이트 안내
◎ 나만의 포트폴리오 또는 협업에 유리한 툴

1. 코딩 공부 시작하기

가   코딩은 실패를 즐기는 마음으로

코딩에 관심이 있어도 막상 어떻게 시작해야 할지 몰라 주저하는 사람이 많습니다. 코딩의 시작은 부담감을 내려놓기부터입니다. 코딩은 전문가들만의 영역이고 일반인이 범접하기 힘든 분야라는 오해가 있는데요. 그렇지 않습니다. 우리가 어릴 때 시작하는 영어는 단순한 챈트나 노래를 통해 쉽게 다가가듯, 코딩도 놀이하듯 하는 접근이 첫걸음이지요. 실제로 초등학교에서는 교과서에 나오는 코딩 내용을 재미있게 구성하여 학생들에게 쉽게 다가갈 수 있도록 제공합니다.

이번 장에서는 혼자 배우는 코딩을 소개할 예정입니다. 코딩을 독학하기로 결심했다면 여유 있는 마음을 가집시다. 한 번에 완벽하게 프로그래밍을 완성해야 코딩이라 생각하지 마세요. 걸음마에 서툰 아기가 수없이 넘어지는 실패를 통해 걸음을 배우듯, 서툰 영어를 더듬더듬 말하며 배우듯, 코딩도 실패를 우선으로 생각하는 것이 좋습니다. 코딩에 익숙해질 때까지 틀려도 괜찮다는 마음으로 자신에게 용기를 주세요.

나   쉬운 언어로. 순차, 조건, 반복 구문의 파악을 우선으로

완전 코딩 초보라면 컴퓨터 언어의 틀을 익히는 것을 처음 목표로 두세요. 간단히 말해 코딩은 명령어의 흐름이라 할 수 있습니다. 이 흐름은 크게 다음의 3가지로 분류합니다.

- 차례로 명령을 실행하는 순차 구문
- 조건에 따라 판단을 하는 분기 구문 (조건문이라고도 합니다)
- 일정한 조건에서 반복하는 반복 구문

컴퓨터 언어 대부분은 위 3가지의 기초를 바탕으로 합니다. 이것은 마치 영어 문법에서 주어+동사, 주어+동사+목적어 등과 같은 기본 문법을 뼈대로 글을 써나가는 것과 비슷합니다. 처음부터 모든 것을 마스터하겠다는 마음보다, 컴퓨터 언어의 구문을 배운다는 기초적인 목표로 시작하는 것이 좋습니다.

어떻게 해야 쉬운 언어의 접근이 될까요? 초등학생에서 중학생은 스크래치, 엔트리 등과 같이 레고 블록을 맞추는 느낌의 블록코딩을 추천합니다. 중학생부터 고등학생에겐 파이썬을 추천합니다. 물론 블록 코딩을 이미 잘한다면 초등학생도 도전 가능합니다. 파이썬은 고등학교 정보 교과에도 실려있고요. 여러 대학도 입문용 컴퓨터 언어로 파이썬을 채택합니다. 또 데이터 과학, 딥러닝 등에서도 많이 활용되고 있어 미래를 위해서도 파이썬을 배워두면 유용합니다.

앱을 만드는 것을 목표로 자바와 같은 프로그램을 이용해 코딩 학습을 시작하는 방법도 있습니다. 그러나 이 방법은 영어 타자가 익숙하지 않은 초보에게 좋은 방법은 아닙니다. 코딩은 구문과 문법 위에 명령어를 입히는 작업이므로, 전체적인 틀을 익히는 수준의 쉬운 언어를 먼저 배우고 복잡한 명령어가 필요한 내용으로 가도 늦지 않습니다.

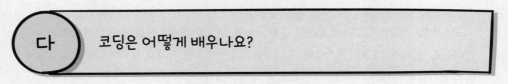

다   코딩은 어떻게 배우나요?

코딩 언어를 선택했다면 학습과 연습을 해야죠. 시중에 관련 책도 많고 블로그, 깃허브, 유튜브 등 온라인 독학 사이트가 많습니다. 책과 온라인으로 배우는 방법 2가지를 살펴보겠습니다.

책은 짜임새 있게 공부하는 것을 선호하는 스타일에 알맞은 방법입니다. 학습 속도를 본인에게 맞춰 차근차근 글을 통해 공부하는 것이 익숙하다면 책을 활용해보세요.

어떤 책을 골라 학습하는 게 좋을까요? 간단한 입문용으로 매일 매일 따라하게 짜인 책도 있고, 백과사전처럼 두툼한 책도 있습니다. 최초 입문에는 명령어보다 구문 익히기에 초점을 맞추는 것이 필요하므로 기초적인 내용으로 쉽게 쓰인 책이 좋습니다. 두꺼운 책은 내용이 많고 자세하나 입문용으로 적절하지 않습니다. 쉬운 책에 익숙해진 다음 다시 서점에 가서 책을 보세요. 그러면 조금씩 책의 차이점이 보이면서 자신에게 맞는 책을 고를 수 있습니다.

온라인 사이트를 활용해 공부하는 방법도 있습니다. 온라인 수업은 영상을 통해 설명을 들을 수 있어서 학습자의 의욕도 일깨워주고 책에 비해 쉽게 집중이 되는 장점도 있습니다. 사이트마다 체계적으로 구성된 동영상 강의를 통해 코딩을 배울 수 있는데, 이 책의 3장에서 사이트를 안내할 예정입니다.

라   코딩 입문에서 한 걸음 더 나가기

코딩에 조금 익숙해졌다면 하나의 목표를 설정해보세요. 기본 앱을 만들고 싶다면 블록 코딩인 엔트리를 익힌 다음, 앱 인벤터라는 블록 코딩으로 안드로이드 앱을 만들기가 가능합니다. 전문적인 앱을 만들어보려면 자바 프로그램을 공부한 후, 안드로이드 스튜디오라는 프로그램을 활용하면 앱을 만들 수 있습니다. 데이터 과학에 관심이 있으면 파이썬에서 데이터를 다루는 Numpy, Pandas와 같은 라이브러리 공부를 할 수도 있지요. 나만의 게임을 만든다면 게임을 만드는 과정을 설명해놓은 블로그나 유튜브 등을 따라 해도 좋습니다.

목표는 너무 거창한 것보다 소소하게 성취 가능한 것이 좋습니다. 당장 한두 달에 완성이 되지 않더라도 괜찮습니다. 1년, 2년 후에 꼭 성공하리라는 여유를 가지고 서서히 목표를 달성할 수 있는 실력을 쌓아간다는 생각으로 공부하는 게 좋습니다.

간단한 코딩 테스트를 할 수 있는 코드업, 백준 온라인저지 등과 같은 사이트도 있습니다. 이 책의 3. 독학을 위한 테스트 사이트 안내에서 이러한 사이트를 안내합니다.

2. 독학을 위한 강의 사이트 안내

이제 여러분의 독학을 도울 강의 사이트를 안내하고자 합니다. 개인의 특성이나 상황에 따라 좋은 강의라는 것은 저마다 다릅니다. 여러 강의 사이트 중에서 자신에게 맞는 사이트를 찾는 것이 중요합니다.

가. SW 중심대학 자료실

www.swuniv.kr/45

SW 중심대학으로 선정된 대학에서 제공하는 다양한 SW 관련 무료 수강이 가능합니다. 유튜브로 연결되어 스마트폰으로도 접속이 됩니다. 대학 교수님의 강의 중심이므로 듣고 싶었던 대학교 강의를 미리 수강한다는 장점이 있습니다.

나. kocw

www.kocw.net

국내, 국외 대학 및 다양한 기관에서 공개한 강의 영상을 무료로 볼 수 있습니다. 스마트폰으로 접속이 되고, 관심이 있던 대학 교수님의 강의를 미리 볼 수 있다는 장점이 있습니다.

다. goormedu

edu.goorm.io/category/programming

구름에듀는 IT 기술개발 기반의 플랫폼으로 언제 어디서나 SW 개발을 배우고, SW를 만들 수 있게, 모두가 개발자가 되도록 개발자 성장 중심의 생태계를 생성하는 게 목표라고 합니다. 프로그래밍 관련 강의를 유/무료로 제공하며 기초부터 모바일, 게임, 인공지능, 보안 프로그램 개발까지 다양한 콘텐츠를 레벨 단위로 수강하면서 실습할 수 있습니다. 학교에서 채널을 개설하여 사용할 수 있으며, 관리자 계정(교사나 강의자)으로 채널에 가입하면 학생이나 수강생으로 가입한 학생의 강의 수강 여부를 확인할 수 있어, 진도 체크에 편리합니다. 기초 강의는 대부분 무료로 제공되기 때문에 부담 없이 독학을 시작할 수 있습니다.

라. edwith

www.edwith.org

에듀위드에는 다양한 분야의 강의가 많고 무료로 들을 수 있습니다. 유료 결제를 하면 코드리뷰 등 심화 콘텐츠 학습이 가능합니다.

마. 인프런

www.inflearn.com

인프런에서는 실무 위주의 강의가 제공되고 있습니다. 유/무료 강의가 개설되어 다양한 콘텐츠가 제공됩니다. 재미있는 강의나 학습자에게 잘 맞는 강의를 찾아 수강할 수 있습니다.

바. k-mooc

www.kmooc.kr

무크(MOOC)란 Massive, Open, Online, Course의 줄임말로 오픈형 온라인학습 과정을 뜻합니다. 양질의 교육을 개방하는 세계적 흐름에 따르는 시도로 교육부, 국가평생교육진흥원에서 주관하여 제공하는 콘텐츠입니다. 질의응답, 토론, 퀴즈, 과제 제출 등 양방향 학습까지 가능합니다. 학점은행 과정이 있어 학점 이수가 가능합니다. 수강 신청 기간이 있고, 정해진 계획에 따라 주별 출석과 그에 따른 학습활동을 수행하기 때문에 미리 강의 계획을 세워 듣는 것이 좋습니다.

사. 프로그래머스

programmers.co.kr/learn

프로그래머스에서는 프로그래밍, 웹, 모바일, 블록체인, 알고리즘 등에 대한 유, 무료강의가 있습니다. 여기 개설된 강좌를 이수하면서 본인의 실력 체크가 가능할 것입니다. 코딩 테스트를 통해 자신의 실력을 한번 가늠해 보세요.

아. codecademy

 www.codecademy.com/catalog/all

코드카데미에서 HTML&CSS, Python, JAVA, C++, C#, Go 언어 등 다양한 강의를 무료로 수강할 수 있습니다. 여기에서는 기본 개념을 배우고 실제로 코드 실습을 하면 바로 결과 확인이 가능합니다. 프로그래밍 과정과 그 결과를 쉽게 이해할 수 있다는 장점이 있습니다.

자. 생활코딩

www.opentutorials.org/course/1

생활코딩은 일반인에게 프로그래밍을 알려주는 무료 온라인 사이트로, 오프라인으로도 수강 가능합니다. 웹, 데이터베이스, 언어, 서버, 클라이언트 등의 자료가 이해하기 쉽게 정리되어 있습니다. 함께 공부할 수 있는 사이트, 커뮤니티를 통하여 질문을 남길 수 있어서 비슷한 흥미가 있는 사람들과 함께 배우는 것을 통해 즐거움을 느낄 수 있습니다.

차. 노마드코더

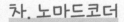

노마드 코더에서 클론 코딩이 가능합니다. 여기서 무료 강의를 들은 다음, 여러 가지 챌린지 과정에 도전할 수 있습니다. 챌린지 과정은 유료로 운영됩니다. 클론코딩이란 인스타그램, 카카오톡, 유튜브 등의 실제 서비스를 따라 만들면서 배우는 방식입니다. 즉 실제로 접할 수 있는 서비스를 직접 따라 만들면서 배우는 것이지요.

➕ **여기서 소개한 사이트 외에**

w3big(www.w3big.com/ko), 코드컴뱃(codecombat.com),
tcpschool(tcpschool.com) 등을 검색하면 다양한 강의 수강 정보와
자료가 정리된 사이트를 찾을 수 있습니다.

3. 독학을 위한 프로그래밍 테스트 사이트 안내

가. 코드업

codeup.kr

코드업은 정보 선생님들이 구축한 프로그래밍 테스트 사이트입니다. 문제마다 충분한 설명과 실습 문제가 제시되었고 프로그래밍 언어 선택도 가능합니다. 처음 프로그래밍 문제 풀이를 시작하려는 독자라면 코드업 사이트의 [문제] - [문제집] - [기초 100제]를 먼저 풀어 보는 것이 좋습니다. 기초 100제는 알고리즘 문제 풀이에서 자주 사용하는 기본 코드 유형과 관련된 문제이기에 이를 제대로 학습하면 기본적인 프로그래밍 문법을 익힐 수 있습니다.

나. SW Expert Academy

swexpertacademy.com/main/code/problem/problemList.do

SW Expert Academy는 삼성에서 만들어 제공하고 있는 사이트로 스스로 부족한 부분을 중점적으로 연습할 수 있는 사이트입니다. 참가 가능한 콘테스트도 수시로 열리는데, sw 역량

테스트도 사이트에서 신청할 수 있습니다. 이런 테스트는 언제나 가능하니 SW 역량테스트를 치르면서 본인의 실력을 가늠해 보세요. 삼성에서 만들어서 제공하는 사이트인 만큼 삼성전자 IT 분야 진출의 꿈이 있는 학생이라면 더더욱 이 사이트를 활용해야겠습니다.

다. 백준 온라인 저지

www.acmicpc.net

백준 온라인 저지는 국내에서 매우 유명한 알고리즘 문제 풀이 사이트입니다. 쉬운 문제부터 어려운 문제까지 난이도가 다양하며, 코딩 테스트를 처음 시작하는 사람을 위한 단계별 문제 풀이도 있습니다. 가장 전형적인 코딩 테스트 형식을 따르며, 국내 사용자가 많아 사용자 간의 질문과 답변이 활발합니다. 코드업과 다르게 백준 온라인 저지의 문제 순서는 난이도와 무관하므로 주어지는 대로 풀다 보면, 초보자는 예상치 못한 난제에 부딪힐 수 있습니다. 백준 온라인 저지의 장점은 [문제] - [알고리즘 분류]로 이동하면 유형별 알고리즘을 선택하여 풀 수 있어서 한 유형씩 파고들어 공부하고 싶은 독자에게 유용합니다. 삼성 SW 역량테스트 기출 문제집을 제공하고 있어 대기업 입사를 준비한다면 백준 온라인 저지의 문제를 풀어 보는 것이 도움이 됩니다.

라. 프로그래머스: 코딩테스트 연습 또는 실력체크

programmers.co.kr 🔍

프로그래머스는 앞에서 설명했던 프로그래밍 강의뿐만 아니라 코딩 테스트도 제공합니다. 이는 국내 알고리즘 대표 학습 사이트로 난이도 별, 프로그래밍 언어별, 문제 모음별 선택이 가능합니다. 문제 모음에서는 2017년부터 현재까지 있었던 카카오 채용 문제를 풀어볼 수 있습니다. 다른 코딩 테스트 사이트와 마찬가지로 소스 코드를 제출하면 정답 여부를 확인할 수 있습니다.

마. 코딩도장 (dojang.io)

dojang.io 🔍

4. 나만의 포트폴리오 또는 협업에 유용한 Tool

가. 마인드맵

마인드맵은 영국의 언론인인 토니부잔이 개발한 방법으로, 쉽고 간단하여 아이디어를 도출하거나 브레인스토밍을 할 때 활용할 수 있는 최적의 도구입니다. 다양한 주제들을 한눈에 확인할 수 있어 더욱 효과적으로 비교분석이 가능하고 인과관계 파악에 적합합니다.

아래 제시한 마인드맵 툴은 자주 사용되며, 이외에도 많은 툴이 존재합니다. 필요한 조건이나 사용할 운영체제에 따라 적합한 마인드맵이 달라질 수 있으니 자신에게 맞는 마인드맵 툴을 선택해보시길 바랍니다.

1) Xmind (무료/유료)

www.Xmind.net 🔍

Xmind는 유료와 무료 버전이 있는데, 무료 버전만 사용해도 유료 버전에 버금가는 다양한 기능이 제공됩니다. 여기에선 다른 마인드맵 도구보다 쉽고 편리한 인터페이스를 제공하고 다양한

마인드맵 디자인을 선택하여 활용할 수 있습니다. 표가 그림의 형태로 삽입되지 않으며, 작성한 마인드맵은 PDF, PNG, 에버노트 등 다양한 형태로 저장 또는 내보내기가 가능합니다. 또한 SNS로 공유도 가능합니다. 유료 버전에서는 이보다 많은 기능을 제공하며 여러 형태로 내보내기가 가능합니다. 비슷한 주제 묶는 기능(Boundary), 연관된 주제 연결 기능(Relationship). 주제를 묶어 요약하는 기능(Summary), 노트 기능 등을 제공하여 마인드맵에서 강조되어야 하는 부분이나 비슷한 주제를 한눈으로 보기에 편리합니다.

2) coggle (무료/유료)

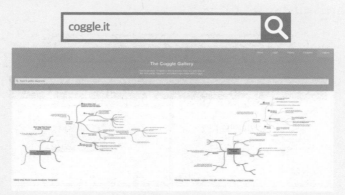

코글은 마인드맵과 순서도를 만들고 공유하기 위한 온라인 협업 도구입니다. 별도의 프로그램 다운로드나 설치 없이 사이트 가입만 하면 브라우저 기반 마인드맵을 그릴 수 있습니다. 마우스 드래그를 통해 쉬운 조작이 가능합니다. 무료계정의 경우 비공개 다이어그램은 3개, 공개 다이어그램은 무제한 만들 수 있고, 다른 사람들과 공동 작업이 가능합니다.

3) Simplemind (무료/유료)

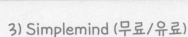

　Simplemind로 직관적인 매핑이 가능하며, 쉽게 주제를 추가하고 주제 재구성이 가능합니다. 유료 버전에서는 동기화와 마인드맵 공유가 가능하며 문서 또는 웹페이지에 대한 링크 및 다양한 이미지, 아이콘 박스가 추가됩니다.

4) 알마인드(비영리 목적 무료)

알마인드는 마인드맵® 이론을 구현한 프로그램으로, 알마인드만의 독창적인 인터페이스인 Drawing Interface, 작업 정보 설정, 토픽 추가 설명 기능, 다른 파일 형식과의 호환성 지원 등을 통해 개인뿐 아니라 업무, 교육에도 효율적으로 사용할 수 있습니다. 알마인드는 MS오피스에 도입된 리본 메뉴(작업 명령어, 도구 모음)를 화면 상단에 적용해서 원하는 기능에 접근이 편리합니다. 도움말(단축키 F1)을 통해 단축키를 익히면, 더 빠르게 마인드맵을 만들 수 있습니다. 알마인드의 확장자는 emm이지만, '파일 > 다른 형식으로 저장'에서 PDF, HWP, MS 워드/엑셀/파워포인트, HTML, 그림 파일, 텍스트 파일 형식으로 저장할 수 있습니다. MS 워드로 변환하면 마인드맵이 이미지 형식이 아닌 목차로 변환되어 나타납니다. 다른 마인드맵 프로그램에 비해 기본 템플릿(회의록, 강의계획서, 시간표 제공) 종류가 적은 편이고, 윈도우 전용이라는 특징이 있습니다.

도움 출처: https://it.donga.com/31249/

나. 패들렛 (무료/유료)

패들렛은 벽에 포스트잇을 붙이는 것처럼 다양한 생각이나 결과물을 개인별로 작성하여 한 번에 모아서 확인할 수 있는 교육용 플랫폼입니다. 다양한 패들렛 타입을 선택할 수 있고 사용법이 간단합니다. 만들어진 결과물은 이미지, PDF, CSV, Excel 스프레드시트로 내보내기와 인쇄를 할 수 있습니다. 또한 투표, 댓글 기능이 있어 다양한 의견 공유가 가능합니다.

다. 구글드라이브 (무료)

구글드라이브는 다양한 문서 작성과 설문 등을 공유할 수 있고, 문서 협업이 가능하다는 특징이 있습니다. 즉 드라이브를 공유하여 같은 드라이브를 공유하고 있는 사람들끼리 서로 작성한 문서를 보여주고 수정할 수 있습니다. 다만 누군가 잘못 수정했을 경우, 변경사항에 바로 저장되기 때문에 원 상태로 복구되지 않기도 합니다.

라. 에버노트(무료/유료)

에버노트는 마치 노트와 블로그 같은 개념으로 활용 가능합니다. 무료 버전으로 충분한 기능을 사용할 수 있는데요. 에버노트에서 작성한 문서는 pdf 텍스트 검색, 태그 등이 가능합니다. 더불어 링크, 메일, 노트나 노트북 공유기능으로 협업이 되고, 기록 정리에 최적화된 프로그램입니다. 동기화를 통해 웹, 앱 모두 같은 내용을 확인할 수 있습니다.

SW와 더욱 더 가까워 지는 나!

4장
SW 시작하기: 도구로 주제 만나기

- 인공지능 블록코딩(mblock image machine learning)
- 인공지능 블록코딩(Entry 음성인식 & machine learning)
- Microbit
- Arduino
- 라즈베리파이
- 데이터 과학의 기초(파이썬 & 공공 데이터 분석)
- 인공지능 프로젝트(허스키렌즈, 티처블머신)

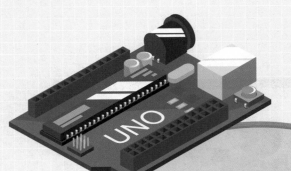

이번 장에서는 코딩을 쉽게 시작할 수 있는 주제를 모아 정리하였습니다. 코딩에 익숙하지 않은 학생이 블록 코딩으로 할 수 있는 주제와 아두이노처럼 실제 구현이 가능한 피지컬 컴퓨팅 부분, 티처블 머신과 같은 머신 러닝 기술을 이용하는 인공지능 데이터 과학까지 쉬운 주제를 구성하여 풀어 보았습니다. 여기에 정리된 예시들은 학생들의 영감에 도움을 주기 위한 것입니다.

예시 활동을 통하여 다양한 아이디어와 결합할 수 있다면 좋은 동아리 활동 및 프로젝트를 구성하여 실시할 수 있을 것입니다.

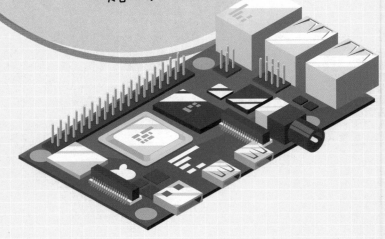

1. 인공지능 블록코딩(mblock image machine learning)

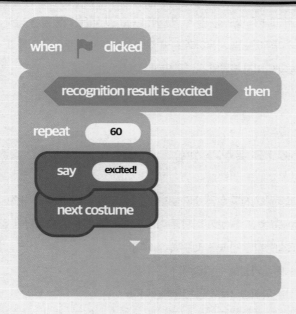

구글 티처블 머신과 같이 image machine learning을 아주 쉽게 사용하는 툴이 많아졌습니다. 물론 텍스트 코딩을 할 수 있다면 티처블 머신으로 학습하고 tensorflow를 통해 파이썬이나 Java로 코딩하여 사용할 수 있습니다. 하지만 코딩경험이 많이 없고 특히 텍스트 코딩에 부담을 느끼는 사람도 쉽게 할 수 있는 것이 블록코딩이라고 할 수 있습니다. 엔트리나 mblock도 AI블록을 사용할 수 있고 카미 블록의 경우 티처블 머신의 url을 사용하여 코딩할 수 있습니다. 그 중 mblock으로 간단한 인공지능 모델을 만들어보는 코딩을 소개해 보겠습니다. 준비물로는 노트북이나 웹캠이 있는 데스크탑이 필요합니다. 하지만 이왕이면 설치 장소에 비교적 자유로운 노트북을 권합니다.

가   이런 분께 추천합니다.

- Image machine learning을 처음 접해 보거나 텍스트 코딩보다는 블록 코딩이 편한 동아리
- 웹캠이나 카메라를 바로 이용하거나 사진 파일로 머신 러닝을 해 보고 싶은 싶은 동아리

- 이 주제를 응용해 학습된 사용자의 자동 출입 명부를 코딩하거나 인공지능 가위바위보를 만들고 싶은 학생
- 과일 도감이나 동물도감, 딸 수 있을 정도로 잘 익은 과일을 구별하여 코딩한 뒤 로봇이나 아두이노를 사용하여 선별 작업 수확하는 로봇들을 만들고 싶은 학생 등 인공지능의 이미지 분류와 관련된 아이디어가 있는 학생

나   Mblock의 특징과 장점

- 간단한 블록을 가지고 코딩이 가능합니다. (스크래치나 엔트리와 비슷)
- Image machine learning이 티처블 머신과 비슷합니다. 실행 화면이 티처블 머신과 유사하고 실행하면 연속적으로 작동됩니다.
- 다양한 로봇과 연결할 수 있습니다.
- 코딩된 것을 파이썬으로 자동 변환해줍니다.

다   탐구를 위한 준비

(1) 노트북: 데스크탑에 웹캠과 스피커가 있다면 데스크탑도 괜찮으나 이동을 할 수 있는 노트북이 좋습니다.

(2) 블록 코딩 능력: 코딩할 줄 몰라도 따라 하면 결과물을 만들 수 있습니다. 다른 주제로 발전시키거나 아이디어를 접목시킬 때 코딩 실력이 있으면 실현 가능성을 계획 단계에서 예상할 수 있고 아이디어를 더욱 잘 구현 할 수 있을 것입니다. 이번 프로젝트에서는 '반복', '소리 끝까지 재생하기', '만약' 블록 정도를 사용할 수 있으면 이해가 잘 될 것입니다.

(3) 구글의 티처블 머신의 이미지 프로젝트를 해본 적이 있다면 더욱 쉽습니다. mblock은 구글의 티처블 머신과 가장 비슷하게 기계학습을 하며 이 결과를 블록 코딩으로 활용할 수 있습니다. 즉 구글 티처블 머신을 사용하여 코딩하고 싶은데 텍스트 코딩이 어려운 학생들도 mblock을 사용하면 좋은 결과물을 만들 수 있을 것입니다.

라 프로젝트 제안

개인 활동이나 동아리 활동으로 추천하는 프로젝트입니다. 프로젝트의 내용을 보고 자신의 아이디어를 넣어 더 발전된 프로젝트로 고안해도 좋습니다. 어떻게 시작해야 할지 모르겠다면 다음 프로젝트를 먼저 진행해 보세요

단계	주제	시간	내용
초급	우리 학교 꽃 도감 만들기	2	우리 학교에서 볼 수 있는 꽃을 기계학습 시켜 우리 학교 꽃을 비춰 주었을 때 꽃 이름과 설명이 나오게 코딩을 할 수 있습니다.
중급	쓰레기 분리수거 안내 프로그램 만들기	4	쓰레기를 카메라에 비춰 주면, 어떤 쓰레기인지 인식하고 분리수거 하는 방법을 알려주는 코딩을 할 수 있습니다.

블록 코딩을 통한 인공지능 구현은 mblock이외의 도구를 통해서도 가능합니다. 엔트리도 인공지능 블록이 업데이트 되어 실시간으로 이미지 분류가 가능해졌습니다. 그래서 이제는 mblock 와 비슷한 효과를 낼 수 있게 되었습니다. 엔트리가 익숙한 학생들은 엔트리를 사용하여 코딩을 해 봅시다. 스크래치와 카미블록은 티처블 머신에서 학습한 것을 가져와서 코딩 할 수 있습니다. 각각의 툴에 대한 장단점이 있으나 코딩하는 것이나 학습시키는 부분은 대체로 비슷한 편이라 자신에게 편한 툴을 사용하면 됩니다.

마 　 나의 진로와 연결하기

이미지 기계학습을 활용한 진로 탐색 프로젝트 사례를 소개합니다.

　이미지 기계학습을 활용하여 코딩하는 것은 다양한 분야에 사용됩니다. 이미지 기계학습을 활용하는 것은 특히 컴퓨터가 잘하는 부분이며 방대한 데이터를 넣어 학습시킬 수 있으므로 정확도도 높은 편입니다. 그래서 이미지 기계학습이 다양한 곳에 사용되며, 활용할 아이디어만 있다면 더 많은 부분으로 확대할 수 있습니다. 자신의 진로 따라 프로젝트를 고안해 보세요

사례	사례설명
인공지능 의사의 진단 환부를 영상 장비로 찍은 영상 자료 데이터를 바탕으로 뇌종양이나 암 등을 진단하는 인공지능 프로그램(왓슨 등)	데이터의 신뢰도 및 빅데이터의 사례를 통해 점점 더 정확한 진단을 내릴 수 있게 될 것으로 예상됩니다. 또한 심전도 데이터, 심장 소리 등 다양한 입력 자료 및 센서를 통해 더 많은 데이터를 수집한다면 진단의 정확도도 높아지고 더 다양하게 활용될 분야로 예상됩니다.
스마트 CCTV CCTV에 찍히는 영상을 실시간으로 분석해서 폭력 사건이나 화재 등의 위급한 사건이 일어났을 때 알람을 울리거나 소방서나 경찰서로 영상 전송하는 프로그램	도시 공학, 치안 분야에서 단순히 관찰에서 벗어나 수많은 CCTV를 동시에 분석하고, 사고 및 비상 상황 발생 시 즉각 대처할 수 있는 시스템을 구축할 수 있을 것입니다. 데이터가 누적 될수록 정확한 분석을 할 수 있고 대응 프로토콜 또한 발전할 수 있을 것으로 예상됩니다.
모빌리티 빅데이터 활용 도로의 자동차 통행량 분석 및 자동차 통행량에 따른 신호 체계를 제어하는 프로그램	도시 공학, 물류시스템 분야에서도 IoT 및 스마트폰 카메라를 활용한 데이터로 인공지능을 활용하여 교통수요를 예측하고 대응할 수 있을 것으로 예상됩니다.
스마트 팜 여러 데이터를 수집하여 인공지능 분석을 통한 최적의 재배 방법 및 질병이나 상태를 진단하고 재배 전 과정에서 적합한 의사결정 또한 도와주는 프로그램	스마트 팜 부분은 의료와 함께 많은 발전을 하는 분야입니다. 여기에 다양한 데이터 입력을 통한 인공지능의 발전과 로봇의 발전으로 앞으로 더욱 발전할 것으로 예상됩니다.
운동을 보조해주는 인공지능 헬스 트레이너 단순히 운동을 안내해주는 기능에서 영상을 분석하여 운동이 잘 되고 있는지 확인까지 하는 개인 헬스 트레이너 프로그램	의료와 마찬가지로 헬스케어 부분은 인공지능의 발전이 매우 빠른 부분으로 이미 운동을 도와주는 앱이나 게임이 많지만, 인공지능 포즈 분석 등을 통해 더욱 정교한 코칭 및 진단을 하고 웨어러블 기기를 통해 스마트 케어까지 가능해서 이 부분도 앞으로의 많은 발전이 예상됩니다.

바 프로젝트 따라하기_마스크 유무에 따라 안내방송하기

차례

	내용	시간	비고
1	mblock 오프라인 버전 설치 및 image machine learning	2시간	image machine learning 원리를 이해하고 데이터 학습 및 코딩
2	설치 및 테스트 추가 데이터 학습 및 데이터 클렌징	1시간	실제 사용할 곳에서 설치하여 인식율을 테스트하고 인식율을 높이기 위한 방안 탐구
3	기능 추가 및 확장적 사고	1시간	아두이노나 다른 로봇과 연결하여 확장 및 image machine learning에 대한 다른 주제 탐색

1	mblock 오프라인 버전설치 및 image machine learning	2시간	image machine learning 원리를 이해하고 데이터 학습 및 코딩

우선 mblock 오프라인 버전을 설치한 후에 이미지 데이터를 분류하여 입력하여 줍니다.

기본적으로 3개의 예시가 생기게 되며, 1번은 mask on, 2번은 mask off, 3번은 none으로 마지막 3번은 아무도 없을 경우를 생각하여 학습시킵니다. 아무도 없을 경우를 미리 학습시키지 않으면 사람이 없어도 mask on이나 mask off 둘 중의 하나로 판단하여 계속 방송하므로 꼭 넣어 주어야 합니다.

각 예시당 최대한 많은 데이터를 입력합니다. 티처블 머신과 같은 방식으로 편하게 데이터가 입력 가능하며 실제 사용할 곳을 배경으로 촬영을 하면 더욱 높은 정확도를 얻을 수 있을 것이고 다양한 데이터를 넣어 주면 정확도가 더욱 높아질 것입니다.

깃발 아이콘을 클릭하면 코딩이 실행되고 화면 창이 새로 열립니다. 잘 되는지 확인해봅시다. 예시는 마스크 쓴 것을 잘 인식하고 있습니다.

마스크를 벗은 상태로 잘 인식하여 소리를 재생하는지 살펴봅니다.

아무도 없는 것을 잘 인식하는지 확인합니다.

2	설치 및 테스트 추가 데이터 학습 및 데이터 클렌징	1시간	실제 사용할 곳에서 설치하여 인식률을 테스트하고 인식률을 높이는 방안 탐구

만든 코드를 어디에 사용하면 좋을지 회의를 합니다. 회의 결과에 따라 사용할 곳에 노트북을 가져다 놓고 프로그램을 실행해 봅니다. 가끔 처음 실행에서 잘 되었는데 다시 하려고 하면 잘 안 되는 경우가 생깁니다. 왜 그럴까요? 그런 경우 다음 상황을 체크합니다.

<표-Check list 예시>

순	원인	해결방안	비고
1	기계학습 시킬 때와 배경이 너무 많이 달라졌는가?	설치할 곳의 배경을 사용하여 학습을 다시 시키거나 추가시킨다.	
2	학습된 데이터가 편중적인가? (남자만 학습했거나 교복 입은 사람만 학습했거나 등등)	다양한 학습 데이터를 입력하여 준다.	
3	설치할 장소가 역광이 강한 곳인가? (역광이 강하면 카메라 특성상 잘 인식되지 않습니다.)	설치 장소를 바꾸거나 카메라 방향을 조절하여 역광을 피해 설치한다.	
4	사람이 너무 작게 보이거나 각도가 정상적이지 않은가?	설치 장소를 바꾸거나 웹캠 등을 사용하여 최대한 잘 인식되도록 설치한다.	
5	그 외의 원인은 무엇이 있을 것인가?	그 외의 원인을 생각하여 해결책을 생각해 본다.	

인식이 잘되지 않으면 여러 가지 원인을 생각하여 인식률을 높이기 위한 회의를 통해 의견을 나눠가면서 수정합니다.

3	기능 추가 및 확장적 사고	1시간	아두이노나 다른 로봇과 연결하여 확장 및 image machine learning에 대한 다른 주제 탐색

더 좋은 프로그램이 되기 위해 어떤 것을 확장하면 좋을 것인가 생각해 봅니다.
예1) 안내 방송의 멘트로 더 나은 말 생각해 보기
예2) 아두이노나 다른 로봇과 연결하여 LED 등을 사용하여 시각적으로도 나타내는 방법 생각해 보기 등

아   활동에 날개달기

엔트리를 비롯한 블록 코딩 툴에 대한 인공지능 교육자료는 이미 유튜브에 상당히 많은 자료가 업로드되어 있습니다. 참고하면 좋은 결과를 얻을 수 있을 것입니다.

code.org (AI for Oceans): 인공지능의 라벨링 프로그램 학습을 통해 인공지능 윤리를 알아보고 인공지능 라벨링에 대해 쉽게 파악할 수 있습니다.

https://teachablemachine.withgoogle.com/: 책의 뒷부분에도 나오지만 이미지, 사운드, 포즈 프로젝트를 학습하기는 쉬우면서도 좋은 인공지능 툴 입니다.

2. 인공지능 블록코딩(Entry 음성인식 & machine learning)

AI의 기능 중에서 음성인식은 매우 편리한 기능 중 하나입니다. 한국의 대표적인 블록코딩 SW인 Entry는 네이버 클로바를 사용할 수 있어 음성인식을 코딩에 사용할 수 있습니다. 또한 빅스비나 시리처럼 음성인식으로 코딩을 하여 오브젝트를 동작시킬 수도 있습니다. 이번에는 Entry를 활용한 음성인식 코딩을 소개해 보겠습니다. 예제는 매우 간단하지만, 여기에 다양한 아이디어를 결합하면 좋은 결과를 얻을 수 있을 것입니다. 준비물로는 노트북이나 마이크가 있는 데스크탑이 필요합니다.

가   이런 분께 추천합니다.

- 음성인식을 사용한 코딩을 처음 접해 보거나 텍스트 코딩보다는 블록 코딩이 편한 동아리

- Text machine learning을 처음 접해 보거나 텍스트 코딩보다는 블록 코딩이 편한 동아리
- 다양한 표현이 입력되더라도 내가 원하는 동작을 할 수 있게 코딩을 짜고 싶은 학생
- 감정을 인식하여 반응하는 프로그램을 만들어 보고 싶은 학생

나   Entry의 특징과 장점

- 간단한 블록들을 가지고 코딩이 가능합니다. (스크래치와 비슷)
- Text machine learning이 Machine learning for kids와 비슷합니다.
- 다양한 로봇들과 연결을 할 수 있습니다.
- 코딩된 것을 파이썬으로 자동 변환해줍니다.

다   탐구를 위한 준비

(1) 노트북: 데스크탑에 마이크가 연결되어 있다면 데스크탑도 괜찮습니다.

(2) 블록 코딩 능력: 코딩을 전혀 할 줄 몰라도 따라 하면 결과물을 만들 수 있습니다. 이후 다른 주제로 발전시키거나 아이디어를 접목할 때 코딩 실력이 있으면 실현 가능성을 계획 단계에서 예상할 수 있고 좋은 아이디어를 더욱 잘 구현할 수 있을 것입니다.

(3) Machine learning for kids의 Text 프로젝트를 해본 적이 있다면 더욱 쉽습니다.

라   프로젝트 제안

개인이나 동아리 활동으로 추천하는 프로젝트입니다. 프로젝트의 내용을 보고 자신이 생각하는 것으로 새로 고안해도 좋습니다. 어떻게 시작할지 모르겠다면 다음 프로젝트를 먼저 진행해 보세요

단계	주제	시간	내용
초급	엔트리 오브젝트를 음성인식으로 제어하기	2	오브젝트를 음성인식으로 움직이거나 제어하는 코딩을 하여 음성으로 제어해 봅시다.
중급	엔트리 음성인식으로 아두이노 등 로봇 제어하기	4	아두이노나 로봇 등을 엔트리 음성인식으로 제어해 봅시다.

음성인식을 하기 위해 주변이 조용한 곳에서 하는 것을 추천합니다. 혹시 교실에서 사용할 예정이라면 마이크를 사용하는 것을 추천합니다.

마   나의 진로와 연결하기

음성인식을 활용한 진로 탐색 프로젝트 사례를 소개합니다.

음성인식을 하고 명령어를 기계학습으로 코딩하는 것은 다양한 분야에서 사용됩니다. 특히 시리나 빅스비, 각종 인공지능 스피커에 이러한 기술이 활용되고 있습니다. 활용도가 다양한 만큼 많은 아이디어를 구현할 수 있습니다. 자신의 진로에 따라 프로젝트를 고안해 보세요

사례	사례설명
AI 스피커 대화를 기반으로 사용자의 말을 입력하여 작동하는 인공지능 프로그램	상당히 정확해진 음성인식을 기반으로 인공지능 스피커 사업이 발전하고 있습니다. 아직 불편한 부분도 있어서 더 개선할 부분도 많습니다. 요즘에는 IoT와 연결하여 가정에도 전동커튼이나 전등과 연결하여 사용하기도 합니다.
대화형 콘텐츠 실시간 동시 통역기 노인 간병(대화형 콘텐츠) 어학 학습 프로그램	동시통역 프로그램이 많이 나와있습니다. 물론 대화형 콘텐츠도 있지만 더욱 발전한다면 실시간 동시통역까지 발전할 것으로 예상됩니다. 또한 어르신들을 간병할 때 좋은 대화 상대가 되어 줄 수 있으며 건강의 이상도 감지할 수 있을 정도로 발전할 것으로 예상됩니다. 이미 어학 학습을 하기 위해 음성인식이 사용되고 있습니다. 특히 대화형으로 학습을 할 수 있어 말하기 및 발음을 정확하게 연습할 수 있어 발전이 있을 것으로 예상됩니다.

바   프로젝트 따라 하기_오브젝트를 음성인식으로 조작하기

차례

	내용	시간	비고
1	Entry 음성인식 코딩하기	0.5시간	음성으로 제어하고 싶은 오브젝트를 선택한 뒤 음성인식으로 제어해봅시다.
2	명령어를 Text Machine learning 하여 다양화시키기	0.5시간	machine learning 원리를 이해하고 데이터 학습 및 코딩
3	엔트리 음성인식으로 마이크로비트 제어하기	1시간	엔트리 코딩으로 음성인식을 이용하여 마이크로비트를 제어해 봅시다.

1	Entry 음성인식 코딩하기	0.5시간	음성으로 제어하고 싶은 오브젝트를 선택한 뒤 음성인식으로 제어해봅시다.

우선 Entry 로그인을 하여 오디오 감지 블록을 가져와 코딩합니다. (로그인하지 않으면 인공지능 블록을 사용할 수 없습니다.)

	오디오 감지 블록을 활용하여 코딩합니다.
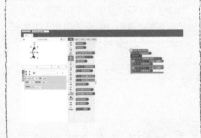	음성인식으로 램프를 켜고 끄는 코딩을 합니다.

2	Entry 음성인식 코명령어를 Text Machine learning 하여 다양화시키기딩하기	0.5시간	machine learning 원리를 이해하고 데이터 학습 및 코딩

음성인식을 하여 램프를 제어했는데 사람에 따라 램프를 켜 달라는 명령을 다양하게 할 수 있었습니다.

예를 들면 '램프 켜줘', '램프 켜', '램프 켜 줄래' 등 다양한 명령어에 램프를 켤 수 있도록 머신러닝을 활용해봅시다. 모델 학습하기 블록을 선택하여 텍스트를 선택합니다. 각 예시당 최대한 많은 데이터를 입력합니다.

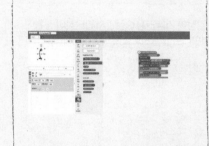

학습된 모델에 맞게 코딩을 수정해 줍니다.

음성인식에 모델학습을 결합하여 인공지능 스피커처럼 다양한 명령어로 오브젝트를 제어할 수 있게 되었습니다. 다양한 모델을 만들어 적용하는 것은 어렵지만 간단한 아이디어를 실현하고자 할 때 음성인식과 모델학습을 병행하여 사용하는 방식을 알고 있으면 아이디어를 더 효과적으로 구현할 수 있을 것입니다.

| 3 | 엔트리 음성인식으로 마이크로비트 제어하기 | 1시간 | 엔트리 코딩으로 음성인식과 텍스트 모델학습으로 나의 말을 듣고 답하며 감정에 맞는 마이크로비트 이모티콘을 나타낼 수 있도록 코딩해 봅시다. |

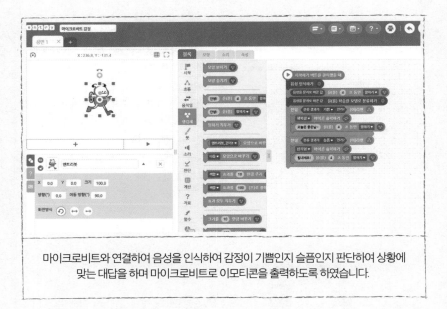

마이크로비트와 연결하여 음성을 인식하여 감정이 기쁨인지 슬픔인지 판단하여 상황에 맞는 대답을 하며 마이크로비트로 이모티콘을 출력하도록 하였습니다.

사   활동에 날개 달기

더 좋은 프로그램이 되기 위해 어떻게 확장하면 좋을지 생각해 봅니다.

예1) 이러한 아이디어를 확장하면 집안을 IOT 환경으로 바꾸어 침대에 누워서 음성인식으로 전등을 제어할 수 있습니다. 또는 정해진 시간에 불이 켜지게 설정하는 것도 가능합니다. 전등 커튼을 설치해 음성으로 제어할 수도 있지요. 실제로도 구글 홈이나 클로버 등 AI 스피커를 활용한 제어가 시도되고 있습니다.

예2) 학교에서 음성인식이 필요한 일이 있을까요? 장애인을 위한 시설이나 음성인식이 편리하게 사용될 수 있는 환경에는 어떤 것이 있을까요?

3. Microbit

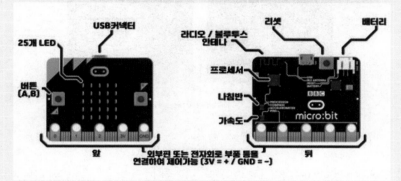

[그림1] 마이크로비트 / 출처: microbit.org/ko

다양한 피지컬컴퓨팅 교구 중 마이크로비트는 가장 접근성이 쉬워서 누구나 쉽게 익힐 수 있습니다. 마이크로비트는 한 손에 잡을 수 있는 작은 크기이나 확장 영역은 막강한 피지컬 컴퓨팅 도구입니다. 여기에 간단 블록코딩부터 텍스트코딩까지 프로그래밍이 가능하며 자바스크립트, 파이썬 등 다양한 프로그래밍 언어도 제공합니다. 특별한 소프트웨어를 설치하지 않아도 가능하며 마이크로비트가 없더라도 마이크로비트 사이트에서 프로그래밍 후 시뮬레이션으로 그 동작을 확인할 수 있습니다.

마이크로비트는 다양한 확장보드를 통해 내부에 없는 센서의 활용이 가능합니다. 그러므로 이 도구를 통해 개발할 수 있는 물건이 무한하다고 볼 수 있습니다. 현재 마이크로비트는 핀란드부터 싱가포르, 스리랑카, 우리나라 등 전 세계 학교에서 초, 중, 고 모두 교육이 이루어지고 있습니다.

■ 새로운 마이크로비트 출시?

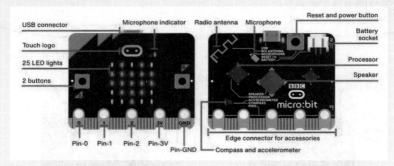

뉴마이크로비트 / 출처: microbit.org/new-microbit

 2020년 10월 말 BBC에서는 마이크로비트 신버전을 출시하였습니다. 5년 만에 나온 새로운
버전이며 디자인은 기존과 비슷하나 마이크와 스피커가 추가 내장되어있고 터치 인식도
가능합니다. 앞으로도 새로운 기능을 계속 추가한다고 하니 만들 범위도 확장되었다고 볼 수
있습니다. 다양한 센서를 활용하여 나만의 프로젝트를 기획하고 상상만 하던 것을 직접 만들면서
자신의 포트폴리오를 추가할 수 있습니다.

가	이런 분께 추천합니다.

- SW 융합 프로젝트를 구현하고 싶은데 피지컬 도구 활용이 처음인 학생
- 블록 코딩으로 피지컬 도구를 제어하고 싶은 학생
- 가까이 다가가면 자동으로 열리는 쓰레기통, 온도가 올라가면 부저를 울려주는 안전
  시스템, IOT 시스템을 적용한 스마트 팜 등 여러분이 생각한 공학적 아이디어를 실제
  제품으로 제작해 보는 공학 동아리
- 씨앗의 온도에 따른 발아와 생육에 관한 실험과 같이 센서와 프로그래밍 제어를
  이용해서 실험을 설계하고 데이터를 추출하고 싶은 과학 동아리
- 식물 습도 알리미, 무드 조명 등의 창의적인 아이디어 제품 판매를 목적으로 하는
  창업동아리

* 마이크로비트와 아두이노는 도구만 다를 뿐 같은 기능으로 구현해 낼 수 있는 피지컬 도구 중 하나입니다.

나　마이크로비트의 특징과 장점

- 블록 코딩과 텍스트 코딩이 가능합니다.
- 빛, 온도, 자기, 버튼 등의 간단한 것에서부터 라디오 통신, 블루투스 통신, 미세먼지, OLED, 수분 감지, 서보모터, 초음파 센서로 활용할 수 있습니다. (확장보드 또는 브레드보드가 필요할 수 있습니다.)
- 브레드보드로 확장 시 간단한 회로 동작 원리를 이해해야 합니다.
- 많은 나라 및 학교에서 사용하고 있어, 다른 사람들이 개발한 프로젝트를 확인 및 확장하기 편리합니다.

다　탐구를 위한 준비

마이크로비트 홈페이지 접속	프로그램 작성	마이크로비트에 다운 및 작성한 프로그램 결과 확인

1. 마이크로비트 홈페이지(microbit.org)에서 프로그램을 작성(블록 코딩/텍스트 코딩)합니다.
2. 마이크로비트에 작성한 프로그램(hex) 다운을 받습니다.
3. 마이크로비트에 내장된 센서를 활용하는 기초 프로그램부터 차근차근 실습합니다. 이후 다양한 추가 센서를 장착하여 실습합니다.

라   동아리 활동/ 개인 활동 레벨업

마이크로비트를 이용해서 멋진 활동을 하고 싶다면 먼저 자신의 수준을 파악해 보세요 동아리 학생과 같이 프로젝트를 진행한다면 친구들의 수준을 파악해서 그룹 편성에 참고하세요

단계	내용	시간
초심자	• 마이크로비트에 내장된 센서들을 이해하고 간단한 프로그램을 업로드 한다.	1
초급	• 간단한 센서들을 활용하고 제어할 수 있다. • LED, 온도, 빛, 나침반, 자기, 버튼 센서를 활용한 프로그램을 제작할 수 있다.	3
중급	• 조건문과 반복문을 활용하여 프로그램을 자유롭게 구성할 수 있다. • 라디오 및 블루투스 모듈을 이용하여 무선 통신을 할 수 있다.	5
고급	• 다양한 센서를 확장하여 프로그램을 자유롭게 구성할 수 있다. • 필요한 확장보드를 파악해서 자신의 프로젝트에 적용할 수 있다. • 모든 센서를 활용하여 자신만의 프로젝트를 적용할 수 있다.	4

마   프로젝트 제안

개인이나 동아리 활동으로 추천하는 프로젝트입니다. 아래 내용을 보고 자신이 생각하는 프로젝트를 고안해도 좋습니다. 어떻게 시작해야 할지 모르겠다면 다음 프로젝트를 먼저 진행해 보세요

마 프로젝트 제안

단계	내용	시간	비고
초급	프로그래밍 기초	1	입출력제어, 센서 활용 내용을 이해하고 간단한 프로그램을 제작합니다.
초중급	기본 센서 활용하여 작품 만들기	5	마이크로비트에 내장되어있는 기본센서(빛 센서, 온도센서, 나침반 및 자기센서, 버튼)를 이용하여 나만의 작품 제작
중급	외부 센서 활용하여 작품 만들기	5	온도센서 초음파센서 적외선센서 가변저항 기본적인 센서로 데이터 저장
고급	무선 통신 제어 프로그램 만들기	6	무선 통신 활용 : 미아방지 팔찌, 목걸이 제작 / 독거노인 안부 확인 등 여러 프로그램 제작
고급	모든 센서 활용 프로젝트	8	초음파센서 활용 : 시각장애인을 위한 지팡이, 팔찌 제작 / 준비물 알리미 제작 / 자동문, 자동 전등 스위치 제작 등 OLED 활용 : 청각장애인을 위한 알림 / 다양한 IoT 물품 제작 등

　마이크로비트를 사용하는 최고의 단계는 필요한 센서 제어를 익히고 자신의 프로젝트에 적용해서 활용할 수 있는 단계입니다. 프로그램과 센서에 대한 이해를 갖추고 기존 프로젝트를 참고하여 따라 해보기를 추천합니다. 모방은 창조의 어머니입니다. 프로젝트를 진행하면서 아이디어를 하나씩 추가해 나만의 프로젝트를 완성해봅시다.

바   나의 진로와 연결하기

마이크로비트로 다양한 아이디어를 구현할 수 있습니다. 자신의 진로에 맞게 프로젝트를 고안해 보세요

가. 시각장애인을 위한 빈자리 알림 손잡이

제작 동기: 여러 편의시설과 대중교통 등이 있는 사회지만 이런 시설을 잘 사용하지 못하는 시각장애인을 위하여 대중교통 내 빈자리를 알려주는 손잡이를 만들고자 한다.

제작 과정: 지하철 의자가 사람을 인식하고 손잡이로 신호를 줘서 손잡이의 모양을 변형하게 만들기 위해 마이크로비트의 빛 센서와 초음파센서를 이용하여 의자 위에 사람이 있는지, 없는지를 감지한다. 각 의자와 연결된 손잡이는 빈자리가 있으면(사람이 앉아있지 않을 경우) 그 일부분이 튀어나오는 구조로 바뀌고 빈자리가 없으면(사람이 앉아있을 경우) 튀어나온 부분은 들어가게 제작한다.

	내용	시간	비고
1	마이크로비트 기본 센서	1시간	빛 센서 원리를 이해하고 적용
2	서보모터, 초음파센서	1시간	서보모터 및 초음파센서 원리를 이해하고 적용
3	라디오 통신	2시간	라디오 통신을 이용하여 조건을 만족할 때 작동제어
4	메이커 활동	2시간	메이커 활동 진행

준비물

1. 마이크로비트 2개 이상(라디오 통신으로 송신 마이크로비트와 수신 마이크로비트가 필요)
2. 서보모터 및 연결선
3. 초음파센서 및 연결선
4. 외형을 만들 수 있는 메이커 활동 준비물

| 1 | 기본 센서 | 1시간 | 기본 센서(빛센서) 원리를 이해하고 적용 |

마이크로비트의 첫걸음은 마이크로비트에 내장된 기본 센서의 이해와 활용입니다. 마이크로비트에 내장된 다양한 센서들이 무엇인지 이해하고 프로그래밍을 통해 확인할 수 있습니다. 가령 기본 센서 중에서 빛 센서를 활용하기 위해서 그것이 어디에 위치하는지를 알고 LED를 통해 빛 센서값을 확인해볼 수 있습니다.

1. 간단한 LED 출력해보기
2. 빛 센서를 이용하여 현재 빛 센서값 출력하기
3. 무한반복을 이용하여 변화하는 빛 센서값 출력하기

| 2 | 외부 센서 | 1시간 | 외부 센서(서보모터, 초음파센서) 원리를 이해하고 적용 |

마이크로비트는 확장성이 좋으므로 현 프로젝트에 사용되는 서보모터, 초음파센서 외에도 수분 측정센서, OLED 등 다양한 센서를 연결할 수 있습니다. 마이크로비트를 구동할 수 있는 전력량은 적은 편이지만 외부 센서를 이용할 때 마이크로비트의 전력만으로는 구동이 어려울 수 있습니다. 이때 외부 전력(높은 V의 배터리)을 연결하거나, 마이크로비트 확장보드를 활용해주면 문제없이 사용할 수 있습니다.

1. 서보모터의 작동법을 이해하고 마이크로비트와 연결하여 작동을 확인
2. 초음파센서의 작동법을 이해하고 마이크로비트와 연결하여 작동을 확인

3	라디오 통신	2시간	라디오 통신을 이용한 센서 제어

마이크로비트에 내장된 통신 모듈을 이용하여 라디오 통신이 가능합니다. 신호를 주고받으며 조건을 만족할 때 센서가 작동하도록 만들어줍니다. 라디오 통신 시 가장 중요한 것은 송신부와 수신부의 채널을 일치시키는 것입니다.

의자에 빛 센서와 초음파센서를 장착한다고 가정할 때,
사람이 없는 의자: 빛 센서의 빛의 양이 많고, 초음파센서의 거리 측정 값이 높음
사람이 앉은 의자: 빛 센서의 빛의 양이 적고, 초음파센서의 거리 측정 값이 낮음

	송신	수신
사람이 없을 때	빛 센서>150 초음파센서>50	손잡이 일부분이 튀어나오도록 서보모터 제어
사람이 앉아 있을 때	빛 센서<=150 초음파센서<=50	손잡이 일부분이 들어가도록 서보모터 제어

4	메이커 활동	2시간	메이커 활동 진행

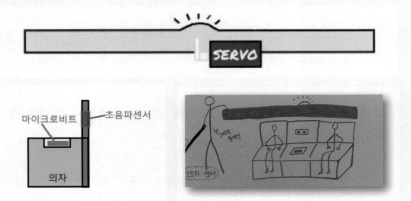

사람이 없을 때 사람이 앉아 있을 때

5	나만의 프로젝트	8시간	다양한 센서 활용 (스마트 리어카)

1) 기능

가) 초음파센서를 사용 : 충돌 가능성이 있는 물체와 간격이 일정 거리 이하가 되면 경고음을 울리며 모터의

　작동을 중지하여 충돌을 방지한다.

나) 모터 활용: 오르막길을 오르기 어려운 상황에는 모터를 이용해서 가기 쉽게 해 준다.

다) 서보모터 이용 : 리어카의 문을 여닫아준다.

2) 도움이 될 상황

가) 리어카를 이용하는 모든 사람

나) 눈이 침침한 분들이 폐지를 주우실 때

다) 몸이 허약하신 분들이 리어카를 끌 때

라) 매우 무거운 물건을 끌 때

3) 결과

사 활동에 날개 달기

　마이크로비트는 원하는 것을 만들어 그 활용을 확장하기에 훌륭한 도구입니다. 다양한 센서를 활용한 프로젝트를 구상하고 구현해봅시다. 이미 개발된 도구라도 괜찮습니다. 모방은 창조의 기반이 됩니다. 기존 프로젝트를 따라 마이크로비트로 만들고 센서를 추가하여 나만의 도구로 개발해봅시다.

4. Arduino

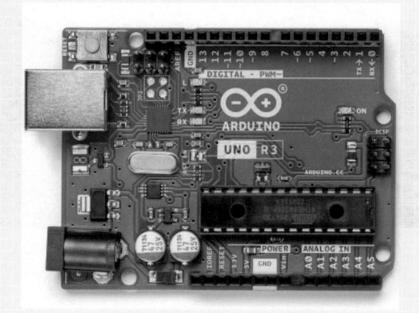

아두이노는 아날로핀과 디지털핀으로 구성된 마이크로 컨트롤러로 가장 많이 사용되고 있는 교육용 SW 개발 교구입니다. LED를 제어하는 간단한 장치에서 인공지능 로봇제작에 활용하기까지 확장성이 높은 피지컬 컴퓨터 도구입니다.

아두이노는 피지컬 컴퓨터의 절대 강자입니다. 2005년 발표된 이후 instructables.com을 비롯하여 다양한 커뮤니티를 통해 아두이노를 활용한 프로젝트들이 소개되었습니다. 간단한 기계장치를 만드는 것에서부터 작품이 관객의 행동에 반응하는 인터랙티브 예술작품을 제작하는데 활용되거나 보급형 3D 프린터의 메인 보드로 사용될 정도로 활용의 범위가 매우 넓습니다. 또한, 아두이노는 거의 모든 종류의 센서를 활용할 수 있다는 장점이 있습니다. 센서를 이용하면 온도,

습도, 조도, 이산화탄소 농도 등 환경 데이터의 수집이 가능합니다. 수집한 데이터를 탐구실험에 활용한다면 많은 양의 데이터를 이용하여 실험의 결과의 신뢰도를 높일 수 있습니다. 또한, 센서로 수집한 데이터를 파이썬 및 엑셀 프로그램을 사용하여 그래프 등으로 시각화 하면 실험 결과를 효과적으로 표현할 수 있습니다. 수집한 자료를 분석하거나 데이터를 가공하여 인공지능과 연계된 활동을 수행할 수도 있고, 아두이노를 인터넷에 연결하여 웹 서버로 동작시키거나 온라인상에서 원격으로 제어할 수 있는 스마트 팜과 같은 IOT 시스템을 제작할 수도 있습니다. 이런 활동들은 전기, 전자 통신, 정보, 컴퓨터, SW, 데이터사이언스 분야의 직접적인 진로 탐색 활동으로 평가받을 수 있습니다.

동물복지 차원에서 길고양이에게 먹이를 주는 사람과 고양이의 울음소리와 배설물 등 환경 문제로 먹이를 주는 것을 반대하는 사람들 간의 갈등에 관심을 가진 학생들의 프로젝트 활동 사례입니다. 학생들은 이 문제의 해결 방안으로 TNR '포획-중성화-되돌려 보냄(Trap-Neuter-Return)'에 착안하였습니다. 길 고양이에게 먹이를 주면서도 길고양이의 개체수를 줄일 수 있는 시스템을 피지컬 컴퓨터를 사용하여 제작하였습니다. 길고양이의 사회적 문제 해결을 위해 RFID 기술을 응용하여 중성화 수술을 한 고양이와 그렇지 않은 고양이를 구분하고 포획 장치로 유도하는 아이디어 창안품을 제작하여 좋은 평가를 받았습니다. 이렇듯 피지컬 컴퓨터를 학습하면 사회 문제를 해결하기 위한 기술적인 아이디어를 구현해 낼 수 있습니다..

심박수 센서를 활용한 생명과학 탐구활동, pH 농도센서를 활용한 화학반응 탐구실험, 가스센서와 LED를 이용한 화재 인식과 탈출 유도 램프개발 등 자신의 관심 분야와 관련된 탐구실험이나 활동으로 확장해 볼 수 있습니다.

단, 아두이노는 HW와 SW가 결합된 형태로 코딩, 회로도, 부품 등 어느 한 곳에 오류가 생기면 정상적으로 작동하지 않습니다. 많은 학생들이 어렵다고 느끼는 부분 중에 하나입니다. 간단하고 쉬운 것부터 시작해서 차근차근 실력을 키우는 것이 중요합니다.

가　이런 분께 추천합니다.

- 가까이 다가가면 자동으로 열리는 쓰레기통, 온도가 올라가면 부저를 울려주는 안전 시스템, IoT 시스템을 적용한 스마트 팜 등 여러분이 생각한 공학적 아이디어를 실제 제품으로 제작해 보는 공학 동아리
- 온도에 따른 발아와 생육에 관한 실험과 같이 센서와 프로그래밍 제어를 이용해서 실험을 설계하고 데이터를 추출하고 싶은 과학 동아리
- 식물 습도 알리미, 무드조명 등 창의적인 아이디어 제품을 만들어 판매를 목적으로 하는 창업동아리
- 모터를 구동시켜 모션장치를 제작하고 싶은 기계, 로봇 동아리

나　아두이노의 특징과 장점

- 프로그래밍과 함께 회로를 연결해야 하므로 회로이론에 대한 기초지식을 학습해야 합니다.
- 온도, 습도, 광량센서 등 간단한 센서에서부터 미세먼지, pH, 근전도, 가스 센서 등 많은 센서를 활용할 수 있습니다.
- 다양한 라이브러리가 오픈되어 있어 활용하기 편리합니다.
- 많은 종류의 쉴드와 모듈이 개발되어 있어 확장성이 뛰어납니다.

다   탐구를 위한 준비

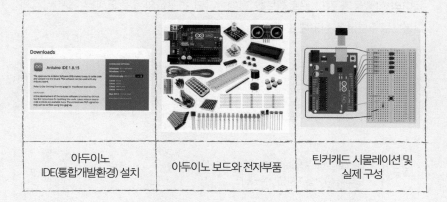

아두이노 IDE(통합개발환경) 설치	아두이노 보드와 전자부품	틴커캐드 시뮬레이션 및 실제 구성

1. SW 다운로드 및 설치(아두이노 홈페이지에서 다운로드 가능, 인터넷 검색으로 쉽게 설치가능)
2. 센서 종류 몇 개와 DC 모터, 서보모터 정도로 구성된 3만 원 내외의 키트를 추천합니다.
3. LED를 반복문과 조건문을 이용해서 제어해 보는 기초적인 것을 하나씩 실습해 봅니다.

라   동아리 활동/ 개인 활동 레벨업

아두이노를 이용해서 멋진 활동을 하고 싶다면 먼저 나의 수준을 파악해 보세요. 동아리 학생들과 같이 프로젝트를 진행한다면 친구들의 수준을 파악해서 각각의 그룹으로 구분한 뒤 참고해 보세요

아두이노를 이용해서 멋진 활동을 하고 싶다면 먼저 나의 수준을 파악해 보세요. 동아리 학생들과 같이 프로젝트를 진행한다면 친구들의 수준을 파악해서 각각의 그룹으로 구분한 뒤 참고해 보세요

단계	수준	시간
초심자	• 설치하고 아두이노 보드에 프로그램을 업로드한다.	1
초급	• LED 회로를 구성하고 제어할 수 있다. • 모터를 방향을 제어할 수 있다.	3
중급	• 조건문과 반복문을 활용하여 프로그램을 자유롭게 구성할 수 있다. • LED, 센서 회로를 진단하고 바르게 작동시킬 수 있다.	5
고급	• 필요한 쉴드나 모듈을 찾아 사용법을 찾아 작동시킬 수 있다. • 헤더파일을 설치하고 모르는 함수의 활용법을 파악해서 자신의 프로젝트에 적용할 수 있다.	5

마   프로젝트 제안

개인이나 동아리 활동으로 추천하는 프로젝트입니다. 다음 내용을 보고 자신의 프로젝트를 새로 고안해도 좋습니다. 어떻게 해야 할지 모르겠다면 다음 프로젝트를 먼저 진행해 보세요

마 프로젝트 제안

단계	주제	시간	내용
초급	LED 순차적으로 켜기	1	반복문과 기초 제어문을 이용해 LED를 원하는 순서대로 켤 수 있습니다.
중급	버튼으로 LED 제어 작품 만들기	4	유명 작가의 그림에 LED를 설치하고 버튼을 누르거나 거리에 따라 작품에 설치한 LED가 켜지게 제작합니다.
중급	센서로 주위 환경 측정하기	4	온도센서 초음파센서 적외선센서 가변저항 기본적인 센서로 데이터 저장
중급	LED 스트립모듈(네오픽셀)	2	LED 모듈을 이용해서 원하는 빛 만들기
고급	블루투스 제어 RC카 만들기	6	블루투스 통신을 이용해서 모터를 구동시켜 RC카를 제어합니다.
고급	IoT 스마트 홈 제작	6	사물인터넷 기능을 이용한 스마트 홈 구축
고급	인공지능 RC카 만들기	8	인공지능 모듈을 활용하여 RC카를 제어합니다.

 아두이노를 사용하는 최고의 단계는 자신이 필요한 모듈을 사용하여 그 모듈의 매뉴얼을 바탕으로 사용법을 익히고 자신의 프로젝트에 적용해서 활용할 수 있는 단계입니다. 프로그램과 전자회로를 이해하고 다른 적용 사례를 참고하여 자신의 것으로 만드는 과정이 필요합니다. 먼저 LED를 켜는 것부터 순차적으로 진행해 보세요

바   나의 진로와 연결하기

아두이노는 SW 프로그램과 전기전자통신 기술을 사용합니다. 여기에 다양한 센서나 모터와 같은 부속품을 연결할 수 있습니다. 그래서 아두이노를 이용하면 다양한 아이디어 구현이 가능합니다. 아두이노를 활용한 프로젝트 사례를 살핀 후에 자신의 진로 알맞은 프로젝트를 고안해 보세요

사례	사례 설명
<문제 해결 중심>	
장애인을 위한 점자 도구	휴대폰에 문자가 수신되면 음성과 함께 점자로 문자 내용을 알려주는 장치 개발. 장애인에게 필요한 기술을 고민하고 ICT 기술로 해결한 사례입니다.
길고양이 상생 프로젝트	길고양이 상생 프로젝트는 고양이의 중성화 유, 무에 따라 먹이를 주거나 포획하여 중성화를 시킬 수 있는 장치에 관한 아이디어로 사회적 문제에 SW를 적용한 사례입니다. 두 사례에서 보듯이 문제를 찾고 SW 기술을 이용하여 효과적으로 문제를 해결할 수 있는 아이디어를 찾아보고 제작해 보는 활동으로 창의력과 논리력을 키워보세요
<탐구실험 중심>	
태양 추적 시스템이 발전 용량에 미치는 영향	태양광 발전에서 태양 전지판이 움직이지 않는 고정식과 태양 전지판이 태양을 추적하는 방식이 있습니다. 추적식의 태양광 발전이 고정식과 비교해 얼마나 효율적인 아두이노를 활용하여 비교한 사례입니다. 모터를 이용해서 태양을 추적할 수 있는

	시스템을 만들고 태양광 모듈의 전압을 측정하여 발전효율을 비교할 수 있습니다.
보조 보행기의 너비에 따른 근력에 가해지는 힘의 크기	'보조 보행기의 너비는 일반적으로 얼마가 적당할까?'라는 고민에서 출발하여 근전도 센서를 이용해서 너비에 따른 근육의 긴장도를 측정 후 키와 보행기 너비의 상관관계를 알아보기 위해 실험을 설계한 사례입니다.
RGB 색상에 따른 식물 생장 분석	탐구 실험 설계 시 아두이노의 다양한 센서를 활용하면 다양하고 역동적인 실험을 구상할 수 있습니다. 또한 데이터 수집이 쉬워 결과 도출에 도움이 됩니다.
<진로탐색 중심>	
도롱뇽의 움직임 분석과 모션 구현 탐구	도롱뇽의 유기적인 움직임을 관찰하고 모터 구동으로 움직임을 구현한 사례입니다. 동물의 움직임을 관찰하고 링크 구조와 모터 제어를 통해 움직임을 구현해 보는 활동은 기계공학, 메카트로닉스, 로봇공학의 진로 탐색 활동으로 도움이 됩니다. 모터가 제어되는 원리를 이해하고 특정 모션 동작을 구현하는 활동을 통해 물리학과 수학이 로봇과 기계 동작에 어떻게 적용되는지 탐색해 볼 수 있습니다.
사물인터넷 환경정보시스템	아두이노로 블루투스, RF 통신, 와이파이, 이더넷 통신을 활용할 수 있습니다. 센서에 측정된 값을 통신 모듈을 이용하여 전송하고 인터넷에 연결하여 사물인터넷 시스템에 적용할 수 있습니다. 통신과 관련된 활동은 정보통신, ICT 공학과 등의 진로 탐색에 도움이 됩니다.

사   프로젝트 따라하기(RC카 제작)

무선통신(블루투스)을 이용한 RC카 만들기 프로젝트를 소개합니다. 이 프로젝트를 수행하고 자신의 것으로 익힌다면 스마트 팜, 로봇 등 다양한 프로젝트로 확장할 수 있습니다.

STEP 1

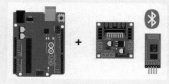

1. 블루투스 모듈을 아두이노에 연결하고 블루투스 제어 코드를 찾아 아두이노에 업로드합니다.
2. 블루투스 시리얼 통신 어플을 휴대폰에 설치합니다.(문자를 전송할 수 있는 기능)
3. 휴대폰에서 블루투스 모듈로 특정 문자를 전송하고 블루투스 모듈에서 수신하면 로직에 따라 기능이 수행됩니다.

STEP 2

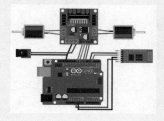

아두이노에서 LED를 켜는 정도의 전력은 USB를 통해 공급할 수 있지만, 이는 모터를 구동하기에는 부족합니다. 필요한 전력 공급을 위해 배터리를 사용해야 합니다. 모터 구동에 필요한 전력은 배터리에서 사용하고 모터를 아두이노의 프로그램으로 제어하기 위해 이 둘을 연결해 주는 모터 드라이브가 필요합니다.

STEP 3

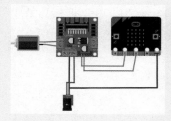

마이크로비트의 라디오 통신을 사용하면 블루투스 모듈 없이 무선조종으로 활용할 수 있습니다. 마이크로 비트 확장보드를 사용하면 더 많은 모터를 제어할 수 있습니다.

(확장해볼 프로젝트)
1. 휴대폰 없이 두 개의 블루투스 모듈을 이용한 프로젝트
2. 센서를 활용한 스마트 팜
3. 인공지능 카메라를 이용한 인공지능 RC카.

아 활동에 날개달기

아두이노는 메이커 교육에 대표적으로 사용하는 교구입니다. 메이커 교육에서의 여러 활동 사례가 국내외 커뮤니티를 통해 공유되어 쉽게 접할 수 있습니다. 처음 접하는 학습자를 위해 시뮬레이션 도구나 블록 코딩 기반의 SW 툴도 다양합니다. 아래 내용을 참고해서 아두이노 실력에 날개를 달아 보세요

인스럭터블
https://www.instructables.com/

아두이노를 포함한 다양한 창작활동을 소개하고 있습니다. 특히 마음에 드는 프로젝트를 따라 할 수 있도록 제작 과정을 단계별로 제시되어 있습니다. 능력을 키워서 직접 사이트에 본인의 제작 과정을 게시해 보는 것도 추천합니다.

메이크올
https://www.makeall.com/

중소벤처기업에서 운영하는 사이트로 공모 사업이나 대회도 진행된다. 학교에서 진행되고 있는 프로젝트를 찾아볼 수 있습니다.

아두이노 스토리
https://cafe.naver.com/arduinostory

대한민국 대표 아두이노 카페로 활동 과정의 어려움을 질문하고 도움도 받을 수 있습니다. 다른 사람들의 최신 프로젝트를 살펴볼 수 있습니다.

틴커캐드
https://www.tinkercad.com/

점퍼선을 이용해서 실제로 해보기 전에 시뮬레이션 프로그램으로 연습하면서 내용 익히기에 도움이 됩니다. 최소한 브레드 보드나 점퍼선이 불량인 경우는 없기 때문입니다.

5. 라즈베리파이

라즈베리파이는 영국에 기반을 둔 자선단체에서 교육적인 목적으로 만든 SBC(싱글 보드 컴퓨터)로 전 세계 사람들에게 컴퓨팅 및 디지털 기술의 힘을 활용하여 중요한 문제를 해결하며 창의적으로 표현할 수 있도록 하는 장치입니다. 저렴한 고성능 단일 보드 컴퓨터와 무료 소프트웨어를 제공하여 모든 사람이 컴퓨팅과 디지털 제작에 활용할 수 있도록 하는 것이 목적인 초소형 컴퓨터입니다.

가   이런 분께 추천합니다.

- 파이썬(Python)언어를 활용한 임베디드 프로그래밍에 관심이 있는 학생
- 아두이노(Arduino)와 같이 센서값만 읽어서 구동기를 제어하는 MCU 보드가 아닌 운영체제(리눅스 계열 등)가 탑재되어 센서를 읽고 웹서버를 운영하여 풀 프로세스가 가능한 고수준 임베디드에 관심이 있는 학생
- GPIO를 활용하여 홈씨어터, 오디오 소스 기기, 셋톱박스, NAS, 웹서버 등을 만들어 보고 싶은 학생이나 동아리
- PC 없이 사물인터넷 환경을 구성하고 싶은 학생이나 동아리

나   라즈베리파이 특징과 장점

- 파이썬(Python)과 지니와 같은 전용 IDE가 내장되어 개발환경이 편리합니다.
- 운영체제(Raspbian, Ubuntu 등)를 설치할 수 있어 PC와 유사한 작업 환경구성이 가능합니다.
- GPIO(다목적입출력핀)을 활용하여 빛, 온도, 버튼 센서와 같은 간단한 센서에서부터 라디오 통신, 블루투스 통신, 미세먼지, OLED, 수분 감지, 서보모터, 초음파 센서 등 복잡한 센서에 이르기까지 다양한 센서를 활용할 수 있습니다. (확장보드 또는 브레드보드가 필요할 수 있습니다.
- 저렴한 가격(2GB 개당 5만 원 정도)으로 PC를 대체하여 사용이 가능합니다..
- 브레드보드로 확장 시 간단한 회로 동작 원리를 이해해야 합니다.
- 많은 나라 및 학교에서 사용하고 있어 다른 사람들이 개발한 프로젝트를 확인 및 확장하기 편리합니다.

다   라즈베리파이 활용 프로젝트 예시

라즈베리파이는 ARM 계열의 고성능 CPU가 장착되어있고 블루투스, 이더넷 WIFI가 아무런 연결장치 없이 가능하며 운영체제를 설치하여 PC와 유사한 환경으로 작업이 가능하며 범용성이 매우 높은 장치입니다. 라즈베리파이 활용 프로젝트로는 홈시어터, 오디오 소스 기기, 셋톱박스, NAS, AI 스피커, 웹서버 등이 있습니다.

※ 출처: YOUTUBE : 라즈베리파이 프로젝트

라   프로젝트 제안

라즈베리파이를 활용하여 학생들이 직접 실생활의 문제를 해결해나가는 프로젝트입니다. 다음은 라즈베리파이를 이용하여 센서를 제어하고, DB와 웹서버를 만들어 새로운 장치를 만드는 예시입니다. 프로젝트의 내용을 보고 자신만의 아이디어를 고안하여 진행하여도 좋습니다.

단계	프로젝트 내용
아이디어 도출	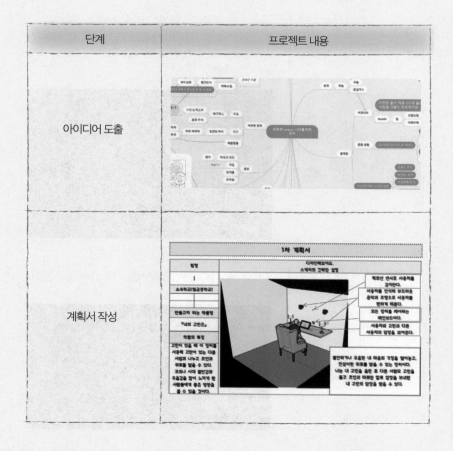
계획서 작성	

단계	프로젝트 내용
프로젝트 수행	1. 사용자를 인식하는 센서와 불빛이 들어오기 위한 전등을 제어하기 위해 라즈베리파이 GPIO 학습 및 실습 2. 사용자나 다른 사용자에게 자신의 쓴 텍스트를 보여주기 위한 웹 프레임 워크 학습 및 실습-경량 웹 프레임 워크 플라스크(Flask) 3. 프로그램 이용자를 위한 파이썬 GUI(PyQt)학습 및 실습

프로젝트 수행

4. GPIO 센서값을 파이썬 데이터베이스 모듈(pymysql)을 활용하여 데이터베이스(database)에 저장 및 웹 질의를 통한 연결

5. 외형 제작

이 프로젝트에 대한 예시 코드 등은
https://drive.google.com/file/d/1116P9uIqXooettK4UWla0o92v7crEDGy/
view?usp=sharing 에서 확인할 수 있습니다.

마   나의 진로와 연결하기

  라즈베리파이를 활용하면 MCU에서 할 수 없는 자신만의 웹서버, 데이터베이스, 게임서버, NAS, Netflix 머신, 홈시어터, AI 장치에 이르기까지 다양한 장치 등을 제작할 수 있습니다.

  또한 자신이 IT 계열로 진로를 설정하였고, 다양한 IT 분야와 주제 중 라즈베리파이를 활용하여 자신의 진로 분야 역량을 키울 수 있는 예시로는 **하드웨어 관련 임베디드 개발자 목표 시 - GPIO를 활용한 임베디드 개발 실습 / 네트워크 관련 보안 전문가 목표 시 - Kali Linux 및 Raspbian을 활용한 모의해킹, 패킷 분석, 취약점 찾기 / 데이터베이스 관리자 목표시 - Mysql, Maria DB 등 DMBS 설치 및 SQL 실습 / AI 전문가 목표시 - Python TenserFlow, OpenCV를 활용한 영상처리 실습** 등이 있습니다.

6. 데이터 과학의 기초(파이썬 & 공공 데이터 분석)

컴퓨터 프로그래밍 전문 미국 출판사 오라일리 미디어는 데이터 기반의 분석 결과에 따르면, 2020년 프로그래밍 언어 이용자 비율이 가장 높은 언어가 파이썬이라고 보도했습니다. 입출력, 변수와 연산자, 제어문 등 파이썬의 기초 문법을 학습하고, 이를 바탕으로 공공데이터를 분석하여 실제 현상을 이해하고 분석합니다. 따라서 통계학이나 인문사회계열의 여러 학문과 융합됩니다. 일상생활 속에서 쉽게 접하는 데이터에 유의미한 질문을 던지고 답을 찾아가는 과정은 학생들에게 살아있는 지식을 접하고, 그 안에서 문제를 해결하는 자기주도적 역량을 길러줍니다. 파이썬 IDLE 다운로드하여 설치하거나 구글 코랩을 이용하면 특별한 장치 없이 활동 가능합니다.

가   이런 분께 추천합니다.

- 텍스트 코딩을 학습하고 간단하게 활용해보고 싶은 학생
- 조사하고자 하는 주제에 맞는 공공데이터를 분석하고 시각화해보고 싶은 인문사회계열 동아리
- 데이터를 수집하고 선별하며 유의미한 해석을 이끌어 내보고 싶은 통계계열 진로 희망 학생
- 나만의 프로젝트를 진행해 보고 싶은 학생

나   파이썬의 특징과 장점

- 오픈 소스로 개발된 언어로 무료 사용이 가능합니다.
- 간결하고 상대적으로 낮은 난이도의 언어입니다.
- 인터프리터 방식의 언어로 코드가 완성되지 않아도 작성된 부분까지 실행할 수 있어 오류 확인이 쉽습니다.
- 객체지향 언어입니다.

다   탐구를 위한 준비

(1) 노트북 또는 데스크탑 또는 태블릿

(2) 파이썬 언어에 대한 기초 이해
- 입출력
- 변수와 연산자
- 제어문
- 함수
- 리스트, 딕셔너리 등 자료형 등

(3) 데이터 수집
- 서울 열린데이터 : http://data.seoul.go.kr/
- 경기데이터드림 : https://data.gg.go.kr/portal/mainPage.do
- 교육통계 : https://kess.kedi.re.kr/index
- 행안부 : https://www.mois.go.kr/frt/a01/frtMain.do
- 통계청 : http://kostat.go.kr/portal/korea/index.action

- 보건의료빅데이터개방시스템 : https://opendata.hira.or.kr
- 고속도로 공공 데이터 포털 : http://data.ex.co.kr/
- 기상자료개방포털 : https://data.kma.go.kr/cmmn/main.do
- 교통사고분석시스템 : http://taas.koroad.or.kr
- AI 팩토리 : http://aifactory.space
- 공공데이터포털 : https://www.data.go.kr/index.do
- AI허브 : http://www.aihub.or.kr
- 데이콘 : https://dacon.io
- 캐글 : https://www.kaggle.com/datasets
- 구글 : https://toolbox.google.com/datasetsearch
- 레딧 : https://www.reddit.com/r/datasets/
- UCI : https://archive.ics.uci.edu/ml/

라 프로젝트 제안

개인이나 동아리 활동으로 추천하는 프로젝트입니다. 제안된 내용을 보고 자신만의 프로젝트를 고안해도 좋습니다. 어떻게 할지 모르겠다면, 공공 데이터 포털에 들어가 다양한 데이터를 살펴보세요 프로젝트는 무조건 높은 수준의 코딩 실력이 필요한 게 아닙니다. 그 시작은 유의미한 질문을 던지는 것입니다.

단계	주제	시간	내용
초급	우리 지역 기온 데이터 분석하기	4	기온 데이터 / 미세먼지 데이터 / 강수량 데이터 등 기상자료를 통해 호기심을 갖고 유의미한 질문을 도출시켜 봅니다. 필요한 데이터를 다양한 방법으로 시각화합니다.
중급	자유 주제로 공공 데이터 분석 프로젝트 진행하기	4	자신의 관심 분야 데이터를 이용하여 주도적으로 탐구 질문을 만들고, 답을 찾아가는 공공 데이터 분석 프로젝트를 진행합니다.

마   나의 진로와 연결하기

데이터분석을 활용한 진로 탐색 프로젝트 사례를 소개합니다.

 우리는 매일 삶에서 데이터를 만나고, 실시간으로 데이터를 만들어냅니다. 수없이 많은 데이터에서 필요한 자료만 선별하여 분석하고, 생각을 발전시켜 나가는 능력은 학생의 진로 희망과 상관없이 모두에게 필요한 역량입니다. 각자 데이터를 다양한 분야로 접근하고, 거기에서 아이디어나 탐구주제를 도출시킬 수 있습니다. 희망하는 진로대로 프로젝트를 고안해 보세요. 아래 사례는 그저 하나의 예시일 뿐입니다. 여러분의 궁금증을 직접 해결해 보시길 바랍니다.

사용 데이터	활용 가능한 사례 예시
기후 데이터	지구 온난화가 실제가 일어나고 있는지 연도별 기온 데이터 시각화 일자별 최고 기온과 최저 기온 차이, 연도별 최고 기온과 최저 기온 차이 등 지역별, 연도별 미세먼지 데이터 시각화 지역별, 연도별 강수량 데이터 시각화
대중교통 데이터	시간별 대중교통 이용객 비교 지하철역, 버스 정류장별 대중교통 이용객 비교 유ㆍ무임 승하차 데이터를 통한 우대권 이용자 현황 시간대별 적절한 배차 시간 탐구 신설 노선 위치 선정 심야 버스 노선 위치 선정
교통사고 데이터	시간대별 교통사고 발생 건수 시간대별 교통사고 부상 정도 연령대별 교통사고 발생 건수 연령대별 교통사고 부상 정도 성별에 따른 교통사고 발생 건수 성별에 따른 교통사고 부상 정도
대학별 졸업생 취업 현황	대학별 취업률 대학 내 학과 또는 학부별 취업률 대학별 진출 진로별 비율
인구 데이터	연도별 출산율 비교 저출산 사회 현상 시각화 지역별 연령 분포 비교 내가 사는 지역의 인구 데이터 분석해보기

바   프로젝트 따라하기

데이터분석 시각화하기

	내용	시간	비고
1	csv 파일과 친해지기	1시간	분석해보고자 하는 데이터를 탐색한 뒤 유의미한 질문을 도출해봅니다. csv 파일을 업로드합시다.
2	데이터 시각화	3시간	선그래프, 막대그래프, 원그래프로 나타내기 데이터의 속성과 탐구 주제에 맞게 박스플롯, 산점도, 히스토그램 등 다양한 형태로 시각화합니다.
1	csv 파일과 친해지기	1시간	분석해보고자 하는 데이터를 탐색한 뒤 유의미한 질문을 도출해봅니다. csv 파일을 업로드합시다.

우선 기상청 기상자료개발포털(: https://data.kma.go.kr/cmmn/main.do)에 접속하여 다양한 데이터 항목을 찾아보고, 사이트에서 제공하는 시각화 자료를 살펴봅니다.

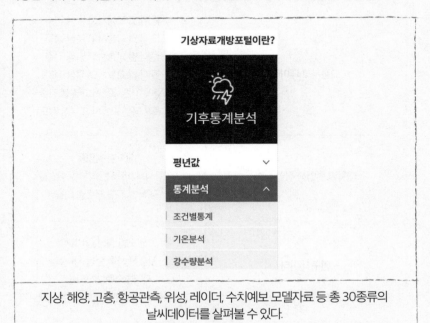

지상, 해양, 고층, 항공관측, 위성, 레이더, 수치예보 모델자료 등 총 30종류의 날씨데이터를 살펴볼 수 있다.

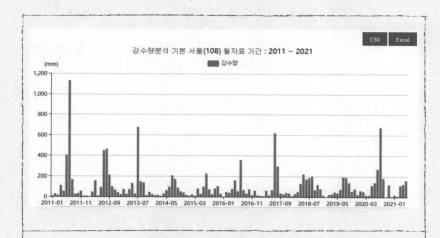

필요한 데이터를 찾아 csv 파일을 다운로드하여 가져온다.

```
import csv
f = open('seoul_temp.csv', encoding = 'cp949')
data = csv.reader(f)
next(data)

for row in data :
  print(row[-1])
  break
```

2	데이터 시각화	3시간	선그래프, 막대그래프, 원그래프 등으로 나타내기 데이터의 속성과 탐구 주제에 맞게 박스플롯, 산점도, 히스토그램 등 다양한 형태로 시각화합니다.

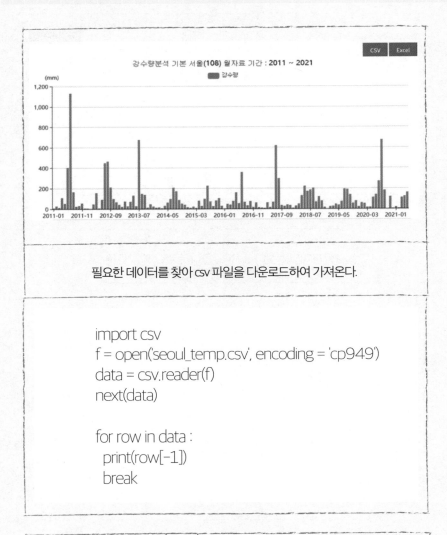

필요한 데이터를 찾아 csv 파일을 다운로드하여 가져온다.

```
import csv
f = open('seoul_temp.csv', encoding = 'cp949')
data = csv.reader(f)
next(data)

for row in data :
  print(row[-1])
  break
```

2	데이터 시각화	3시간	선그래프, 막대그래프, 원그래프 등으로 나타내기 데이터의 속성과 탐구 주제에 맞게 박스플롯, 산점도, 히스토그램 등 다양한 형태로 시각화합니다.

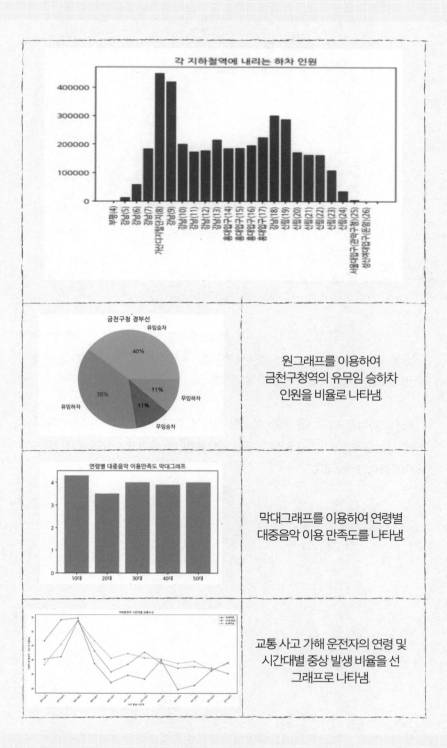

원그래프를 이용하여
금천구청역의 유무임 승하차
인원을 비율로 나타냄.

막대그래프를 이용하여 연령별
대중음악 이용 만족도를 나타냄.

교통 사고 가해 운전자의 연령 및
시간대별 중상 발생 비율을 선
그래프로 나타냄.

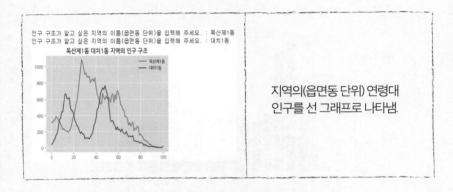

인구 구조가 알고 싶은 지역의 이름(읍면동 단위)을 입력해 주세요. : 독산제1동
인구 구조가 알고 싶은 지역의 이름(읍면동 단위)을 입력해 주세요. : 대치1동

지역의(읍면동 단위) 연령대 인구를 선 그래프로 나타냄.

사   활동에 날개 달기

간단한 산출물도 괜찮습니다. 시도하는 것이 이미 절반의 성공이고, 과정에서 나머지 성공을 얻을 수 있습니다. 주변 지인에게 보여주고 피드백을 받아보세요 피드백을 통해 어떤 정보를 더 제공해 줄 수 있을지 생각해 봅니다.

공공 데이터를 파이썬을 통해 분석한 사례들은 인터넷을 통해 쉽게 찾아볼 수 있습니다. 공공데이터의 경우, '**3. 탐구를 위한 준비, (3) 데이터 수집**'에서 제시한 포털 사이트를 이용해보세요

7. 인공지능 프로젝트(허스키렌즈, 티처블머신)

인공지능 영상처리 기술을 활용하면 한층 업그레이드된 프로젝트를 수행할 수 있습니다. 사람의 얼굴을 인식하여 웃으면 LED로 하트를 표현하고 음악이 나오게 만들거나 사람의 얼굴을 인식해서 트래킹하는 RC카도 만들어 볼 수 있습니다. 주변의 환경을 센서로 측정하고 측정된 센서 값에 따라 동작하는 자동화를 넘어서 영상처리를 활용한 인공지능 프로젝트에 도전해 보세요

가   AI 영상처리 이런 프로젝트 어때요?

- 사람의 얼굴을 인식해서 얼굴을 따라서 회전하는 선풍기
- 영상처리 기술을 이용해 특정 인물을 트래킹하는 RC카
- 라인을 따라가거나 벽을 인식해서 스스로 제어되는 자율주행 자동차
- 사람의 손동작을 인식하는 가위바위보 배틀 로봇
- 색깔 초콜릿 색상별로 분류하는 로봇
- 교실 출입문에 설치해서 참여 학생 자동 출결 시스템

영상처리를 활용한 창의적인 아이디어를 구상해보세요

1) 허스키렌즈

허스키렌즈는 인공지능 영상처리를 가장 손쉽게 활용할 수 있는 도구 중 하나입니다. 사람의 얼굴을 인식하거나, 라인을 인식하고, 사물을 학습시킬 수 있습니다. 통신 프로토콜을 통해 아두이노와 마이크로비트 등과 연결하여 창의적인 프로젝트를 수행할 수 있습니다.

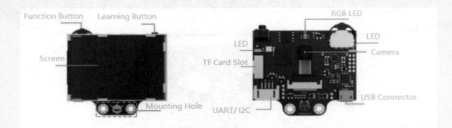

허스키렌즈는 얼굴 인식, 물체 추적, 개체 인식, 라인 추적, 색상 인식, 태그 인식 등 다양한 영상처리 기술을 활용할 수 있습니다.

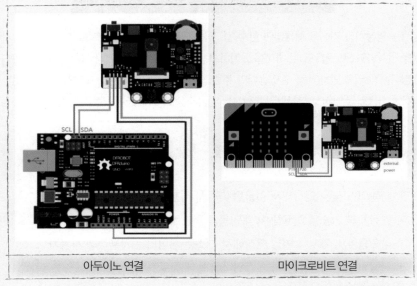

| 아두이노 연결 | 마이크로비트 연결 |

출처: https://www.dfrobot.com/

허스키렌즈의 특징과 장점

- 허스키렌즈에서 영상을 처리하고 결과값을 통신포트를 이용해 전송한다. 마이크로비트나 아두이노에서는 결과값을 받아 간단하게 활용할 수 있습니다.
- 부담되지 않는 크기로 기존의 창작물에 적용이 편리합니다.

펜과 모터를 이용해 회전 기능을 갖춘 선풍기를 제작합니다.	허스키렌즈로 얼굴을 인식시킵니다.	허스키렌즈에 인식된 좌표로 얼굴이 화면의 어느 위치에 있는지 판단합니다. 기준이상으로 중심에서 벗어나면 모터를 구동시켜 얼굴을 화면의 중앙에 오도록 제어합니다.
하드웨어 도구 제작	허스키렌즈 학습	결합하기

2) 티처블 머신

 티처블 머신은 웹캠으로 촬영한 이미지를 학습해서 머신러닝 과정을 손쉽게 활용할 수 있는 도구입니다. 티처블 머신은 이미지, 오디오, 자세 세 가지의 프로젝트를 제공합니다. 프로젝트는 샘플 수입, 학습, 프리뷰 과정으로 이루어져 있습니다. 티처블 머신에서 구성한 프로젝트는 마이크로비트나 아두이노, 라즈베리파이와 같은 피지컬 도구에서 사용할 수 있도록 소스를 제공하고 있습니다.

프로젝트 선택

출처: https://teachablemachine.withgoogle.com/

2-2) 티처블 머신의 특장점

• 정말 간단하게 인공지능 결과물을 만들 수 있습니다.

• 인공지능 결과물을 활용하여 다른 프로젝트에 적용할 수 있습니다.

나 프로젝트 제안

개인이나 동아리 활동으로 추천하는 프로젝트입니다. 내용을 보고 자신이 생각하는 프로젝트를 고안해도 좋습니다. 어떻게 할 것인지 모른다면 다음 프로젝트를 먼저 진행해 보세요

음성인식, 영상처리 등 인공지능 도구를 활용한 아이디어를 생각해 보세요.

단계	주제	시간	내용
초급	허스키렌즈로 얼굴/ 사물/ 색 학습시키기	1	허스키렌즈를 켜고 기능을 탐색합니다.
초급	티처블 머신 시작하기	1	티처블 머신에서 프로젝트를 구성해 봅니다.
중급	인식된 영상에 따라 제어하기1	4	학습한 사진에 따라 다른 LED를 서보모터를 구동합니다.
중급	인식된 영상에 따라 제어하기2	4	사탕 색깔별 분류 특정 사람을 인식했을 때 알림 상황에 맞게 영상처리 시스템을 구현
고급	영상 인식 RC카	4	영상처리 결과를 이용한 RC카 제어
고급	음성인식 로봇제어	4	음성인식 결과를 통해 제어되는 로봇, 시스템 제어 가정에서 사용하는 스위치나 커튼 등을 음성인식을 통해 제어하는 프로젝트
고급	자세제어	4	자세제어 게임기, 주어진 동작을 따라 해서 점수를 획득하는 게임기 만들기

다   나의 진로와 연결하기

음성인식, 영상처리를 활용한 진로 탐색 프로젝트 사례를 소개합니다.

인공지능과 함께 할 수 있는 다양한 프로젝트를 생각해 보세요

주제	진로 탐색 활동
바른 자세 운동 도움 시스템	스포츠 공학/ 체육교육과 요가/웨이트 트레이닝 등 운동에서 바른 자세가 중요합니다. 영상처리를 이용해서 운동의 바른 자세를 알려주는 시스템을 제작해 봅니다.
음성인식 장애인 도서 안내 도움 시스템	산업공학과 시각장애인을 위한 음성인식 및 안내 시스템
영상처리에 반응하는 로봇 제작	로봇, 기계 공학과 물체를 분류하는 로봇, 영상처리를 이용한 로봇
영상처리 기술을 이용한 적정분석	화학과, 화학공학과 지시약의 색 변화를 이용한 적정분석
영상처리과정 심화 연구	SW, 컴퓨터, 정보통신 영상처리 기법 등에 관한 탐구

라   프로젝트 따라하기1_허스키렌즈 + 마이크로비트 영상처리 프로젝트

주제 : 허스키렌즈를 이용해서 얼굴이 인식되면 자동으로 열리는 문

준비물(도구) : 허스키렌즈, 마이크로비트, 서보모터

1) 허스키렌즈로 얼굴을 인식하고 학습합니다.

2) 마이크로비트와 허스키렌즈 통신 설정

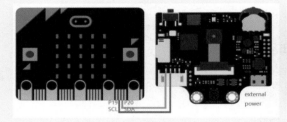 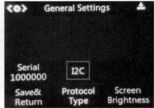

마이크로비트 확장기능에서 허스키렌즈를 가져오고 대상이 인식되었을 때 아이콘이
출력되도록 코딩합니다. 정상적인 동작이 확인되면 서보모터를 동작하는 코드로
수정합니다.

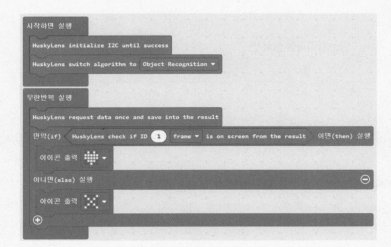

마 프로젝트 따라하기2_티처블 머신 + 아두이노

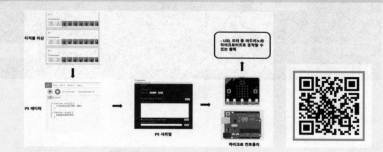

주제 : 가위, 바위, 보 게임에서 항상 지기만 하는 머신 제작

준비물(하드웨어) : 웹캠, 아두이노, 마이크로 비트 | 준비물(소프트웨어) : 티처블 머신,
p5 에디터, p5 시리얼

1) 티처블 머신을 이용하여 가위, 바위, 보 이미지를 학습합니다.
2) Training
3) Export Model
4) Update my cloud model
5) 링크 복사

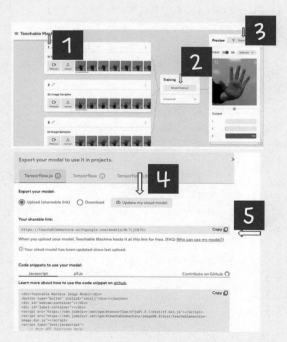

6,7) p5에디터를 설치하고 프로그램에서 통신포트와 imageModelURL을 티처블 머신에서 받은 URL로 수정합니다. p5 에디터를 실행시키면 티처블 머신의 결과를 아두이노로 보냅니다.

8) 통신을 통해 특정 값이 아두이노로 수신되면 LED가 켜지도록 구성합니다. 동작이 확인되면 LED를 제어하는 코드대신 서보모터 동작 등 원하는 제어코드로 수정합니다.

```
1 void setup(){
2    pinMode(LED_BUILTIN,OUTPUT);
3    Serial.begin(9600);
4 }
5
6 void loop(){
7
8    if(Serial.available()>0){
9       char c = Serial.read();
10      if(c =='3')
11      {
12      digitalWrite(LED_BUILTIN, HIGH);
13      delay(200);
14      digitalWrite(LED_BUILTIN,LOW);
15   }
16 else{
17      digitalWrite(LED_BUILTIN,LOW);
18 }
19 }
20 }
```

5장 👆

SW 역량과 창의적 문제 해결력 높이기

컴퓨팅 사고력의 성장 근거를 나에게 발견하기

- ◎ 꿈 만나기 스타트 : 컴퓨팅 사고력 기르기
- ◎ 도전하기 스타트 : SW 전공성숙도와 실천 연결하기
- ◎ 융합적 사고력 기르기 : 문제를 보는 다양한 관점

만약 지금 여러분이 SW 관련된 전공학과에 도전하고자 하는 학생이라면, 자신의 특징과 장점을 어떻게 분석하고 무엇을 실천해야 할까요? 그것은 바로 SW공학, 컴퓨터공학 분야에 대한 막연한 두려움과 추상적인 질문들을 나만의 개별적이며 구체적인 답변으로 바꾸어 보려는 시도일 것입니다.

1. 꿈 만나기 스타트 : 컴퓨팅 사고력 기르기

Q1. 컴퓨팅 사고력이 중요하다고 하는데, 컴퓨팅 사고력이 대체 뭐죠?

일반적으로 사전에서 말하는 컴퓨팅 사고는 컴퓨터(사람이나 기계)가 효과적으로 수행할 수 있도록 문제를 정의하고 그에 대한 답을 기술하는 것을 포함한 사고 과정 전체를 말합니다. 우리 주변에서 만나는 문제들은 정답이 하나가 아닌 여러 가지인 경우가 많습니다. 상황과 맥락을 고려한 포괄적이며 유의미한 해답 도출이 필요한 것입니다. 그런 까닭에 우리는 컴퓨팅 사고를 통해서 발견한 문제를 이해하고 분석하며, 문제를 보다 쉽게 해결하기 위해 핵심이 되는 요소를 추출하고 이를 바탕으로 문제를 분해합니다. 즉, 복잡하고 커다란 문제를 해결하기엔 다소 어려움이 있으므로 문제 해결에 꼭 필요한 요소들을 바탕으로 문제를 작게 쪼개서 해결하는 것입니다. 그리고 문제 해결 방법과 절차인 알고리즘[11]을 설계하고 프로그래밍을 통해 자동화합니다.

여기서 정말 중요한 것이 있습니다. 컴퓨팅 사고력이란, 문제해결과정에서 컴퓨터처럼 단계를 밟아 목적을 달성하게 하는 과정이라는 점을 이해해야 합니다. 인간은 명령어를 해석하기 위하여 '맥락과 상식'을 이용할 수 있으며, 명령을 재확인할 수 있고, 주도적으로 행동할 수 있지만, 컴퓨터는 이 중 어느 것 하나도 할 수 없습니다. 게다가 인간은 창의적이고 혁신적인 작업을 하는 데 특화된 반면 컴퓨터는 속도와 정확도가 요구되는 반복적 작업을 하는 데 주로 사용된다는 점을 기억해야 합니다.

---

11) 알고리즘은 수학과 컴퓨터 과학, 언어학 또는 관련 분야에서 어떠한 문제를 해결하기 위해 정해진 일련의 절차나 방법을 공식화한 형태로 표현한 것. 계산을 실행하기 위한 단계적 절차를 의미한다. 알고리즘은 연산, 데이터 마이닝 또는 자동화된 추론을 수행한다.

컴퓨팅 사고력의 과정은 다음과 같습니다.

- 문제 해결을 위한 절차적이고 논리적인 방법 고민
- 문제의 어느 부분이 컴퓨터로 해결 가능한지 파악
- 문제 해결에 다양한 알고리즘을 적용

학생부 종합전형으로 합격한 선배들의 동아리활동 사례를 통해서 어떻게 컴퓨팅 사고력을 길렀는지, 탐구 활동에 어떤 방식을 융합했는지 보겠습니다.

(1학년)

행렬과 코딩에서의 사칙연산, 알고리즘, 순서도 등의 수학적 개념과 내용이 게임에서 어떻게 활용되는지 안정된 자세로 발표함. 게임을 프로그래밍할 때 구조화가 필요한 것을 파이썬을 제작하여 보여줌.

체크 숫자, 보로노이 다이어그램, 영화 속 수학, 통계적 오류의 이해와 확률 계산을 활용한 보드게임에서 수학이 쓰이는 것을 알고, 조별 활동과 발표 활동에 적극적으로 참여함. 제시된 조건을 정확히 파악하여 새로운 논리 전개 방식을 탐구하고, 유한집합과 무한집합의 크기 비교를 각각 생각해봄.

(2학년)

아두이노를 활용한 메이커[12] 활동을 진행함. 화장실 이용자의 행동 패턴을 분석하여 변기의 막힘 여부를 알려주는 또리미와 온습도에 따라 자동으로 작동하는 선풍기를 제작함.

---

12) 메이커(Maker) : 디지털 기기와 다양한 도구를 사용한 창의적인 만들기 활동을 통해 자신의 아이디어를 실현하는 사람으로서 함께 만드는 활동에 적극적으로 참여하고, 만든 결과물과 지식, 경험을 공유하는 사람들을 의미함.

* 메이커, 메이커 운동이라는 용어는 2005년 창간된 메이크 매거진을 통해 처음 언급되었으며, 이후 전 세계적으로 통용됨.

위 동아리 활동 내용을 보면 1학년 때 게임을 프로그래밍할 때 구조화가 필요한 것을 파이썬으로 제작하며 배운 학생이 2학년 때에는 화장실 이용자의 행동 패턴을 분석하여 변기의 막힘 여부를 알려주는 시스템 기획 활동을 했습니다. 이 내용에서 어떤 의미를 찾을 수 있을까요?

바로 SW를 학습한 결과로 자신 주변의 문제 상황을 잘 분해하고 일반화시키는 단계를 거치면서, 자신의 관심 분야와 탐구 능력을 보여준 활동입니다. 컴퓨터 프로그램은 언어의 종류에 따라 특징이 있지만, 하나의 언어를 학습하고 나면 다른 언어를 배우기 쉬워지는 면이 있습니다. 프로그램의 언어는 다양한 산출물을 제작할 수 있고 여러 분야에 적용될 수 있습니다. 지금은 코딩을 배워나가는 수준에서 앞으로 하나씩 흥미를 갖고 언어를 학습하다 보면 특히 흥미가 가는 분야가 생기기도 하고, 아이디어가 떠올라 프로젝트를 진행할 수 있을 것입니다.

Q2. 문제 정의는 왜 중요한가요?

우선 이 답변을 보고 있는 여러분들이 '프로그래밍을 통한 삶의 놀라운 변화'들에 공감할 수 있는 학생이길 바랍니다. 예를 들어, 필요한 사람들에게 무료로 음식과 옷을 전달할 수 있는 방법을 찾고 싶어 하는 동아리 부원들이 있다면 호주의 먹거리 구조단체 <오즈 하베스트>의 로니 칸 대표가 출연한 다큐멘터리 '푸드 파이터: 먹거리를 구하라'(댄 골드버그 감독)를 동아리 활동으로 시청해보라고 말해주고 싶습니다. 왜냐하면 음식물 쓰레기 문제에 맞서는 로니 칸의 도전과 실천을 담은 작품이기 때문입니다.

오즈 하베스트는 '남는 음식'을 소외계층에 나눠주는 사회적 기업으로 대형 슈퍼마켓이나 호텔, 레스토랑 등에서 유통기한이 임박했거나 조금 지났지만, 먹는 데는 전혀 문제가 없는 음식을 수거해 1300여 곳의 자선단체에 나눠줌으로써 필요한 이들에게 음식을 나눌 수 있는 장점과 함께 음식물 쓰레기 문제도 해결하였습니다.

음식물 쓰레기는 메탄가스를 배출해 기후변화와 같은 환경 문제를 일으키는데 이것에 집중한 것입니다. 이벤트 회사를 차려 기업 행사를 대행해오면서 행사가 끝난 뒤 값비싼 저녁 음식들이 무더기로 버려지는 모습을 보고 이 문제의 심각성에 공감했던 로니 칸의 이야기를 들을 수 있습니다.

> 66
> 너무 많은 음식이 버려지는 것을 보고 그 음식을 자선단체에 가져다주기 시작했어요.
> 이 음식이 필요한 사람들이 있으니 좋은 일이라고 생각했죠. 그러다 아예 창업했어요.
> 그때는 음식물 쓰레기 문제가 전 지구적인 문제라는 생각보다 눈앞에 버려진 음식을
> 어떻게 할 것인가 해결책을 찾다 보니 여기까지 왔죠.
> 99

이처럼 문제 상황을 정의하고, 해결방안 실행에 성공한 시스템과 기업의 사례를 살펴보았습니다. 그렇다면 이제 동아리 부원들이 다음 단계에 찾아서 공부해야 할 아이디어는 무엇일까요? 다양한 음식 기증자들과의 네트워크를 어떻게 구성할 것인지에 대한 자료 조사일 것입니다.

Q3. 문제 해결력을 기를 수 있는 SW공학 분야의 이슈는 무엇이 있나요?

'문제에 관한 관심을 가지는 것'이 문제 해결력을 기르는 것의 시작입니다. 사회적으로 다양한 과제들이 있지만, 그 중 '내가 관심을 가진' 과제에서 문제를 발견할 수 있고, 방법에 대한 접근을 할 수 있습니다. 예를 들어 스마트폰이 막 보급되던 2009년 12월에 앱스토어에 '서울버스'라는 앱이 공개되었습니다. 이 앱에서는 서울, 인천, 경기도의 버스들의 실시간 배차 간격과 노선을 확인할 수 있는데 당시에는 이런 기능의 앱이 처음이었습니다. 놀랍게도 이 앱을 개발한 사람은 당시 고등학생이던 유OO이라는 학생이었습니다. 학원에 다녔을 때 막차 시간을 몰라 걸어서 귀가하던 중 막차 버스가 지나가는 경험에서 앱을 만드는 경험을 생각했다고 합니다. 이러한 경험은 보통 혼자만 겪는 것이 아닙니다. 주변 사람들이 함께 겪는 어려움에 대해서 SW공학으로 그 어려움을 해결할 수 있는 것들을 찾으려는 노력이 중요하죠.

이러한 문제들은 그 문제에 대한 관심의 정도, SW 능력 정도에 따라서 과제의 종류와 난이도가 달라집니다. 우선은 개인의 일상생활에서 겪는 작은 불편함을 SW를 통해 해결하는 것부터 시작해보세요. 처음에는 모방이 좋은 효과를 거둘 수 있습니다. 예를 들어 '아두이노를 활용한 알람 탁상시계 만들기' 같은 것들이나 '미세먼지 측정기'를 만들기 같은 것부터 시작해보는 것도 좋습니다. 이후 만약 자신이 관심을 가진 분야가 분명하고 어느 정도의 SW 능력과 탐구 능력이 갖추어진 상태라면 자신의 문제가 아닌 타인의 문제로 관심을 확대할 수도 있습니다.

문제 해결력의 한 예시로서 잭 안드라카라는 소년의 이야기가 있습니다. 미국의 메릴랜드에 살고 있던 잭 안드라카라는 소년은 13세였을 때 가족처럼 지냈던 아저씨가 췌장암으로 세상을 떠나는 경험을 했습니다. 슬픔에 잠겨있던 잭은 '췌장암이 뭐지?'라는 질문을 인터넷에 던졌습니다. 췌장암이 다른 암에 비해 사망률이 높다는 사실을 알고 난 후 '사망률이 높은 이유는?', '치료법은?'이라는 질문을 끊임없이 던졌고 답을 찾았습니다. 그 결과 췌장암은 검사 방법이 매우 비효율적이기에 조기 발견이 어려운 병임을 알게 되었습니다. 기존의 췌장암 검사가 약 14시간 정도의 검사 시간, 30% 정도의 낮은 정확성, 1회 800$ 정도의 비싼 가격이라는 문제점을 가지고 있음을 깨달은 된 잭은 더 좋은 진단 키트를 만들고 싶다는 꿈을 가지게 되었습니다.

이후 잭은 계속된 자료 검색을 통해 암에 걸렸을 때 특정 단백질이 증가한다는 사실을 알게 되었습니다. 여기서 그치지 않고 단백질 DB를 인터넷을 통해 찾아 나갔습니다. 약 4000여 도전 끝에 '메소텔린[14]'이라는 단백질이 췌장암, 난소암, 폐암 등에 걸렸을 때 급속하게 증가한다는 사실을 찾을 수 있었습니다. 그러나 이를 검출해낼 방법이 없어서 고민하던 중 우연히 읽은 과학 논문에서 탄소 나노튜브의 존재를 알게 되었고, 이것에 항체를 결합하는 아이디어를 떠올렸습니다. 이후 약 7개월의 연구 끝에 검사 시간 단 5분, 가격은 약 3센트, 검사 정확도 90%를 자랑하는 췌장암 조기 진단 키트 '옴 미터(Ohm Meter)'를 발명하게 되었습니다. 그때 잭의 나이는 겨우 15살이었다고 합니다.

문제 해결을 위한 단계에서는 많은 어려움과 실패를 겪기도 합니다. 이 때문에 절실함과 문제에 대한 집중력, 회복 탄력성 등이 요구됩니다. 자신의 관심사를 놓고 해결되지 않은 문제들과 어려움을 한 번 살펴보세요. 그러면 마치 보물찾기하듯 나만의 과제들이 나타날 것입니다.

---

14) 메소텔린은 인체의 강(cavity)과 내부기관을 둘러싸는 보호층(중피: mesothelium)에 제한적으로 분포하는 것이 정상임. 그러나 이 단백질은 거의 모든 췌장암, 중피종(mesotheliomas), 그리고 상당수의 난소암과 비소세포성 폐암에도 풍부하게 발현되는 것으로 알려져 있음.

Q4. SW관련 전공학과에 지원하려면, 동아리활동을 어떻게 실천해야 할까요?

먼저, 코딩과 아두이노 그리고 프로그래밍 관련 동아리에 가입하거나 조직합니다. 그리고 동아리 활동으로 C언어와 파이썬 등을 학습하면서 코딩의 기초지식을 쌓은 후, 좀 더 심화적인 연습과 예제들을 풀면서 정보올림피아드 대회 등에 도전할 수도 있을 것입니다. 또한 아두이노 활동을 통해 다른 친구들이 생각하지 못한 접근 방법으로 주어진 문제 상황을 해결하는 경험도 시도해 볼 수 있습니다.

멘토 활동을 통해 지식을 전달받는 친구의 입장을 아는 저는 동아리의 신입생 교육을 책임지면서 소통하는 자세를 실천했습니다. 후배들이 문제 상황에 직접 대응할 수 있도록 정수론 분야와 코딩을 이어 주는 등 여러 예제를 만들어 대응하는 연습을 시키기도 했습니다. 이를 통해 저는 코딩과 여러 분야를 융합하는 능력이 늘게 되었고, 후배들은 문제 대응력을 키울 수 있었습니다.

3년간 다양한 도전을 해왔던 저희 동아리는 2학년 학생을 레고 기반으로 미션을 수행하는 대회에 출전시키는 전통이 있습니다. 미션 수행뿐만 아니라 특정 주제에 관한 연구도 하는데, 저희 팀은 로봇 외형 및 구동 부품을 담당하는 하드웨어 담당, 로봇의 코딩을 담당하는 소프트웨어 담당, 주제 관련 연구를 진행하는 프로젝트 담당 부문으로 나누었습니다.

처음에는 하드웨어가 다 만들어져야 소프트웨어를 제작할 수 있다고 생각했습니다. 막연히 하드웨어 담당 친구들이 완성하기를 기다렸고, 이 때문에 초기 모델이 나오는

데까지 오래 걸리기도 하고, 각 동작의 구분 또한 힘들었습니다. 위기감을 느끼고 다시 모델을 만들 때는 하드웨어 담당 친구들이 두 번째 모델을 만들 때 옆에서 충분한 소통을 하였습니다. 이를 통해 미션을 수월히 해결할 수 있는 모델을 만들 수 있었습니다.

이렇게 SW 전공과 컴퓨터공학과에서 요구하는 능력들을 증명할 수 있기 때문에, 여러분들도 마찬가지로 동아리활동에 대해서 반드시, 꼭 참여해야 한다는 마음이 드는 것이죠.

그런데 여러분들이 앞의 질문들에 대한 답을 자세히 읽어봤다면, 컴퓨팅 사고력과 문제 해결력을 기를 때 더 중요한 배움은 주변에서 관찰한 호기심을 스쳐 지나가지 않고 끈기 있게 질문을 찾아가는 자세임을 알았을 겁니다. 즉 문제 상황을 어떻게 정의해야 하는지, 짜임새 있고 논리적인 절차를 만들 수 있는지, 여러 번 실패하는 경험을 통해 산출물의 내용과 방법을 수정하고 개선할 수 있는 경험이 필요하다는 의미입니다.

등차 등비수열의 합 공식을 유도한 후 풀이 과정 구현을 위한 알고리즘을 정리했습니다. 풀이를 토대로 첫째항과 등차 혹은 등비를 입력하면 수열의 합이 도출되는 계산기를 제작하려 했으나 파이썬에서 변수를 설정하는 과정이 미지수의 사용을 막아버렸습니다. 수열의 합 풀이 과정 자체를 구현하는 것으로 수정해야 했고 '내 지식적 한계로 미지수를 이용한 풀이식을 구현하지 못한 건가'를 떠올리며 파이썬 추가 탐구의 필요성을 느꼈습니다.

이와 함께 보고 깨닫고 적용하는 독서로 수학적 사고력을 조금씩 확장해가던 저는 천체망원경 프로그램 코딩에도 활용해봤습니다. 케플러 망원경이 식 현상을 관측하여 이룬 천체 발견들에 감명을 받고서 천체 망원경에 관심이 생겼습니다. 그러다

망원경에서 천체 관측, 자료 분석, 정리 과정이 자동화되어 일반인들도 새로운 천체를 발견할 수 있게 된다면 발견되는 천체의 수가 크게 증가할 것이라고 생각했습니다.

코딩으로 문제에 도전해보자는 다짐과 함께 천체 관측 프로그램의 관측정보 처리 과정을 구조화 해보았고, 식 현상으로 천체의 광도가 감소하는 것을 생각해 광도 감소량이 일정 수준을 초과하면 '식 현상 관측'이 표시되도록 했습니다. 제작 과정에서 외장 내장 함수가 필요함을 깨닫고 이를 추가로 공부하고 적용하면서 탐구를 마무리할 수 있었습니다.

수열 문제를 빨리 풀려면 어떻게 해야 할지 고민하다 '수열 문제용 계산기'를 떠올린 학생의 경험을 보니, 왜 끈기 있게 질문을 찾는 것이 중요한지 알 수 있었네요. 이처럼 수학과 과학, 독서토론이나 영어 매체 관련 동아리를 통해서도 우리는 자연스럽게 왜 그 문제 현상이 나에게 중요했는지, 특히 무엇을 궁금하게 여겼는지 생각해 볼 수 있습니다.

Q5. 조금 쉬운, 초보에게 좋은 프로그래밍 활동은 없을까요?

기본적인 개념이 있습니다. 예를 들어, 함수는 우리가 수학에서 배우는 f(x)처럼 원인을 넣으면 결과가 나와! 등과 같은 것을 알려주고 실제로 해보면서 프로그래밍에 대해 알아갈 수 있는 시간을 가지고 간단한 프로젝트를 진행했으면 좋겠다고 생각했어요.

프로그래밍에 대해 무지한 상태로 시작할 때의 어려움을 생각하지 못하고 무작정 동아리를 만든 상황입니다. 이렇다 보니 동아리가 아니라 강의 시간이 되어버린 느낌이고요. 이클립스[15]로 자바를 실행하려고 했더니, 이클립스를 설치하고 작동하는 데만 온종일 걸리는 컴퓨터에서 과연 무엇을 할 수 있을까요?

C언어는 이제 막 배우는 과정이라 막막합니다. blueJ를 찾아봤는데 자바의 특징을 잘 표현하고 있지만, 초보자가 활용하기에 너무 어려운 것 같습니다. 스크래치를 활용해서 동아리활동 계획을 짜보려고 하니까, 너무 수박 겉핥기 프로그래밍이라는 생각이 들었고요.

1) 무엇부터 시작해야 부담 없이 접근할 수 있을까요?
2) 고등학교 컴퓨터공학 동아리로서 어떤 목표를 세우는 게 이상적일까요? 처음 생각한 목적은 동아리원 각자가 본인의 생각을 코드로 표현하거나 알고리즘을 짜볼 수 있게 활동하는 것이었습니다.
3) 프로그래밍 동아리라고 해서 꼭 전문적인 프로그래밍이 저희의 목표는 아닙니다. 쉽고 다양한 기능을 제공하는 언어나 방법이 있을까요?

이 계열의 진로를 희망하는 학생이라면 컴퓨팅 사고력을 기르고 싶을 것입니다. SW 관련 활동을 통해 어떤 산출물을 내는 것을 목표로 정한다면, 위와 같은 문제에 대해 고민하게 될 것입니다. 컴퓨터공학, SW 전공으로 진학한 대학생 선배나 초등학교, 중학교에서 코딩 관련 수업을 하는 선생님의 답변 중에 인상 깊었던 조언을 살펴봅시다.

---

15) 이클립스(영어: Eclipse)는 다양한 플랫폼에서 쓸 수 있으며, 자바를 비롯한 다양한 언어를 지원하는 프로그래밍 통합 개발 환경을 목적으로 시작하였으나, 현재는 OSGi를 도입하여, 범용 응용 소프트웨어 플랫폼으로 진화함. 원래 IBM의 웹스피어 스튜디오 애플리케이션 디벨로퍼 (WebSpheare Studio Application Developer)란 이름으로 개발되었던 것인데, 엔진부분을 오픈소스로 공개한 것을 기반으로 지금의 이클립스 로 발전해 왔음.

대학생 :

 알고리즘보다 '자료 구조'를 먼저 배우고 실천해보세요. 알고리즘은 자료 구조를 응용한 다음 단계의 결과물이기 때문입니다. 제 경우엔 고등학교 때 동아리에서 프로그래밍, 웹, 그래픽 이렇게 3개의 팀으로 다른 프로젝트를 했었습니다. 프로그래밍 팀은 비주얼 베이직[16], C언어 등으로 게임 만들고 웹 팀은 html, perl 등으로 홈페이지를 만들고 그래픽 팀은 3D max[17] 같은 툴을 이용해 10분 정도짜리 동영상을 만들었습니다. 고등학교 때라면, '어떤 것을 배우자'보다는 <어떤 것을 만드느냐>에 초점을 맞추면 나머지는 알아서 정해질 거라고 생각됩니다. 무엇보다 흥미를 느끼는 것이 중요하다고 생각해요.

선생님 :

 파이썬이나 자바, C 언어도 좋지만, 프로그램에 대해 완전 처음인 학생은 엔트리와 같은 블록 코딩부터 하는 것은 어떨까요? 요즘은 초등학교에서도 배우지만 기본적인 코딩의 구조나 쉬운 방식으로 컴퓨팅 사고력을 키우는 좋은 방법입니다. 엔트리의 경우, 인공지능 기능도 많이 좋아져서 인공지능을 처음 접하는 학생이 쉽게 시작할 수 있습니다. 호환되는 로봇이나 보드가 늘어나고 있어서 메이커 활동이나 미션을 구성하고 수행하는데 좋은 출발지가 될 수 있을 거예요.

 답변이 도움이 되었을까요? 알고리즘 과정을 공부할 때, '어떤 것을 만들고 싶은지'를 표현하는 자세가 어떤 것을 배우는 것보다 우선순위라는 것을 꼭 기억해주길 바랍니다.

---

16) 마이크로소프트는 베이직이라는 이름이 붙은 여러 종류의 프로그래밍 언어를 다양한 플랫폼에서 선보였으나, 윈도우 시대로 접어들면서 가장 널리 알려진 베이직은 [비주얼 베이직](Visual BASIC)이 되었음. 이 언어의 강점은 윈도우 데스크톱용 애플리케이션을 비교적 쉽고 빠르게 개발할 수 있다는 것임. 소위 말하는 RAD(Rapid Application Developement)가 가능했던 것. 이 중에서도 가장 널리 알려진 버전은 비주얼 베이직 6.0 임.

17) 오토데스크 3ds 맥스는 오토데스크 미디어 및 엔터테인먼트에서 개발된 3차원 컴퓨터 그래픽스를 위한 디자인 소프트웨어임. 도스용으로 개발된 3D 스튜디오의 후속 버전으로 마이크로소프트 윈도우 플랫폼에서 작동함.

2. 도전하기 스타트 : SW 전공성숙도와 실천 연결하기

Q6. 제가 해결할 수 있는 문제는 평범한 것이에요. 그래도 생활 속에서 '찾아' 문제 현상을 발견하는 것이 중요한가요?

상식이 풍부할수록 오히려 질문이 많다고 이야기하는 학생의 경험을 살펴보겠습니다.

통합사회 시간에 인구문제, 자살률의 변화 등을 주제로 '공익광고'를 기획한 적이 있습니다. 조원들의 고민은 인구문제의 원인이 너무 다양하다는 점이었습니다. 저와 조원들은 예상독자인 고등학생이 공감할 구체적인 문제 현상을 찾아보기로 의견을 모았습니다. 관련 기사를 조사하다가, 사이버 왕따를 체험할 수 있는 앱의 효과가 인상 깊었습니다.

조장이었던 제가 대표로 앱을 다운받았고, 곧 온갖 욕설이 쏟아졌습니다. 앱에서 실현된 다양한 가해 방법을 간접적으로나마 체험한 경험을 바탕으로 스톱모션 UCC를 완성했습니다. 저는 이 앱처럼 전혀 생각하지 못한 접근법으로 문제점을 해결한 사례가 더 궁금해졌습니다. 사회성이 부족한 소수의 사람이 사용하는 코에 뿌리는 액체 옥시토신[18]이 그러했습니다. 낯선 사람에 대한 두려움을 관장하는 편도체의 활동에 대해 더 공부하는 계기였습니다.

---

18) 옥시토신(Oxytocin)이라고 신뢰, 애정 및 사회적으로 교감을 나누는 여러 행위랑 관련된 호르몬이 있음. 이 호르몬을 스프레이로 코 안쪽에 칙칙 뿌려주게 되면, 그 사람들은 플라시보 조건의 사람들보다 Big5 성격 특질(외향성, 개방성, 성실성, 원만성, 신경증의 5가지) 중에서 외향 성과 개방성이 높아진 것처럼 느끼게 된다고 함. 일시적으로 사회성이 좋아진다고 볼 수 있다고 함. / 출처 : 청년의사(http://www.docdocdoc. co.kr) 옥시토신 효과에 대해서는 향후 활발한 논의와 연구가 이뤄져야 함. 옥시토신 투여 후 성적 호기심이나 활동성 증가 사례가 있긴 하지 만 약물 때문이라고 단정하기엔 이르다고 함. 보고된 부작용으로는 감정 불안, 두통, 소화기계 관련 증상 등이 있지만 이는 단기 사용 시 나타 나는 사례임. 장기간, 특히 어린아이에게 사용했을 경우를 조사한 결과는 아직 많이 부족한 실정. 따라서 일부 사례나 광고를 보고 옥시토신 효과를 섣불리 판단하지 않는 것이 바람직함.

문제의 원인과 그 영향이 복합적인 주제가 된 사례입니다. 사회성이 부족한 소수의 사람이 언젠가 겪을 수도 있는 몇 가지 불편한 상황에 공감한 것이 문제 해결의 출발점이 되었습니다. 또한 조별 과제에서 '사이버 왕따의 해결방안 사례'를 탐구하기 위해 실제 사이버 왕따를 체험함으로써 주변 친구들의 고민과 두려움을 관찰할 수 있었습니다. 이를 통해 인구문제, 자살률의 변화라는 큰 주제 안에서 평소 생각하지 못한 접근법으로 공익광고의 전달력을 높이게 되었습니다.

이번에는 여러분이 평소에 관찰하는 다양한 이슈가 'City Shaper 미션 매트로' SW 수업 등을 기획하여 실행하고자 할 때 어떻게 해결방안을 구체화하는지 알아볼게요.

> 2019-2020 F.L.L.의 주제인 시티세이퍼는 다양한 미션을 가지고 있습니다. 도시를 계획하는 미션인데, 마침 사회과와 실과의 주제 융합 수업을 해보았습니다. 도시의 문제를 알아보고 해결하는 것을 주제로 시티세이퍼 미션을 활용해도 되고, 학생들 스스로 레고 블록으로 모형을 만들어도 괜찮다고 공지해 주었습니다. 2~3명이 한 모둠을 만들어서 문제를 알아보는 활동을 하였고 다양한 의견이 나왔답니다.

이전에는 커피믹스나 코코아믹스를 뜯을 때 깔끔하게 뜯으려면 가위가 필요했습니다. 요즘은 이지컷 기술로 가위가 없어도 내용물을 흘리지 않고 깔끔하게 자를 수 있게 되었지요. 생활의 작은 불편함을 찾고자 하는 것은 중요한 자세입니다.

이전까지는 주어진 문제를 잘 푸는 인재가 필요했다면 우리 주변을 어떻게 더 편리하게 하는지에 대한 질문을 자주 발견하는 능력이 더 필요해진 것이죠. 여러분도 자신의 주변을 둘러보세요. 학교 앞 도로, 집 근처 공원, 우리 동네의 님비시설, 경사로가 있는 골목길은 물론 친구들과 함께 소통하는 공간 속에서 나만의 해결방안을 상상하고 찾게 될 겁니다.

Q7. '창의력'이라는 단어(평가요소)가 추상적이라 뭔지 잘 모르겠어요. 어떤 활동과 산출물로 나타낼 수 있나요?

먼저 '창의적'이라는 것이 무엇을 의미하는지를 생각해봐야겠습니다. 창의적은 '새로운 것을 떠올리는 것'보다 '기존에 있던 것들을 연결하여 제시하는 것'이라는 의미가 더 강합니다. 아무것도 없는 상태에서 새로운 것이 만들어지지 않습니다.

뇌과학자인 정재승 교수는 "창의적인 아이디어가 떠오르는 순간 평소 신경 신호를 주고받지 않던, 굉장히 멀리 떨어져 있는 뇌의 영역들이 서로 신호를 주고받는 현상이 벌어진다."고 말했습니다. 이미 익숙하지만, 연결되지 않던 영역이 연결되는 순간 새로운 아이디어가 떠오른다는 것입니다.

창의적인 사람이 되기 위해 가장 먼저 문제에 몰입하듯 깊이 빠져드는 상태에서 한발 물러나 보세요. 다양한 시각을 살펴보아야 합니다. 개인의 노력으로는 다양한 시각으로 보기 어렵다면 같은 관심사를 가진 친구와 끊임없는 소통도 도움이 됩니다. 이 과정에서 자신이 몰랐던 접근 방법을 발견하면 새로운 연결이 만들어집니다. 이러한 과정에서 생각해내지 못했던 것이 발현됩니다.

융합 활동이 창의적인 문제 해결에도 도움이 됩니다. 융합적인 활동은 서로 다른 학문이 만나 새로운 학문을 만드는 현상을 의미합니다. 기존에는 전공 분야의 전문가들이 보통 문제를 해결해왔습니다. 그러나 이러한 방법은 일정한 틀 안에서만 머무를 가능성이 큽니다.

가령, 학교에 문제가 하나 발생했을 때 선생님만 모여서 해결책을 내어놓았다면 학생들이 생각하는 것과 다른 방법이 나와 큰 도움이 안 되거나 뻔한 방법이 될지도 모릅니다. 그러나 선생님과 학생, 외부 전문가, 학부모, 졸업생 등 다양한 사람들이 모이면 그 문제를 다양하게 관점에서 접근하고, 각자의 전문성이 모여 새로운 해결 방법이 모색되기도 합니다.

그렇기에 창의적인 문제 해결을 위해 다양한 사람과의 교류가 필수적입니다. 구글에서는 직원들의 창의성을 높이려고 일부러 공간구조를 바꿔 화장실을 건물 한가운데 두었다고 합니다. 오가면서 우연히 다른 팀의 다양한 사람들과 만나고 대화를 나누며 창의성을 발현할 기회를 자꾸 주기 위해서라고 해요.

혼자 아이디어를 계속 떠올리기보다 다양한 생각을 서로 나누는 소통의 기회를 자주 만들기를 추천합니다. 책도 많이 읽고, 다양한 과목을 공부하고, 더불어 친구, 선생님, 부모님과 이야기를 나누고 생각을 주고받는 과정을 통해 창의성을 키울 수 있습니다.

Q8. 지금까지의 저는 '융합적'이지 않은 것 같은데요, 어떻게 해야 융합적 사고력이 생길까요?

융합적인 아이디어를 표현하는 일에 대해 우리의 일반적인 생각은 무엇일까요? 왜 이렇게 복잡하고 어려워 보이는 도전을 해야 하는 걸까요? 학교생활을 통해 자신의 관심 분야를 찾아가려 노력했던 한 학생의 이야기를 보겠습니다.

> 친구들처럼 저도 중학교, 고등학교 시절에 프로그래밍이나 코딩, 아두이노 관련 동아리 활동을 경험해보고 싶었습니다. SW 관련 동아리활동을 반드시 해야만 제가 대학에 지원할 때 유리하다고 생각했기 때문입니다. 그런데 제가 중학교 3학년 때 했던 수학 상상동아리, 고등학교 1학년 때 가입했던 과학독서 토론과 영어 매체를 통해 컴퓨터공학, 전기전자 이슈를 조사하는 경험을 통해 오히려 문제와 그 현상에 대한 공감 능력을 체험할 수 있었습니다.

　자주 왜 그 이슈가 저에게 중요한지, 무엇이 궁금한지에 대해 토의하고 발표수업 때마다 표현하기 위해 노력한 까닭입니다. 이 덕분에 인공지능을 적용하는 기술이 다양한 ICT 분야에서 어떤 문제점이 개선되면 좋을지를 공부할 수 있었습니다. 그래서 어느 대학교에 들어가 EEA 연구실에서 '통합 하베스팅[19] 회로와 지속적인 동시 충방전이 가능한 콘덴서 개발 및 IoT화'라는 목표도 정할 수 있었습니다.

　언젠가 스마트도시 리빙랩[20] 아이디어 경진 대회에 도전함으로써 '객체 인식 기술과 AIoT[21]를 활용한 서울의 교통체증 해결' 공학적 아이디어를 구체화하고 싶습니다. 이를 위해 이 아이디어를 하베스팅 회로, 동시 충방전 콘덴서와 연결하여 프로토타입을 제작할 것입니다.

　이 학생의 경험처럼 진로 활동의 제목과 종류가 중요한 것이 아니라 왜 그 문제가 내게 의미 있었는지 설명할 수 있어야 합니다. 물론 문제 현상을 관찰한 뒤에 그 원인을 더 효율적인 방법으로 분석하거나 결과물의 효과를 바꾸기 위해 코딩, SW공학적인 도구가 중요해질 수도 있습니다. 여러분이 관찰하고 공감했던 주제와 이슈를 더 자세히 공부하는 자세가 필요합니다.

---

19) 에너지 하베스팅(energy harvesting) 기술은 태양광, 진동, 열, 풍력 등과 같이 자연적으로 발생하는 에너지를 전기에너지로 전환하고 수확하여 축적한 후 효율적으로 사용하는 기술을 일컫는다. 에너지 원료의 고갈과 환경오염 문제로 인하여, 전 세계적으로 지속 가능한 친환경 에너지의 확보가 중요한 이슈로 떠오르고 있으며, 미래 산업 발전에 큰 영향을 끼칠 것으로 보고 있음.

20) 리빙랩(Living Lab)이라는, 말 그대로 살아있는 연구실을 의미하며 기술을 이용한 사회문제를 해결하는 방식을 의미하며 연구자가 연구실 안에서만 진행하는 연구가 아니라 시민(수요자)이 직접 참여해 함께 문제를 풀어나가고 결과물을 만드는 개방형 실험실을 의미함. 지역 문제는 철저히 지역의 상황에 기반해 지역 주민들이 주체가 되어 풀어야 할 문제라는 점에서 리빙랩의 철학이 가장 잘 맞아떨어지는 분야며 연구기관의 실험실이나 대학의 연구실이 아닌, 시민들이 존재하는 곳이 바로 연구실이고 연구 대상이라는 의미임.

21) AI가 의사 결정을 통해 IoT에 가치를 추가하고 IoT가 연결 및 데이터 교환을 통해 AI에 또 다른 가치를 추가함에 따라 이것을 'AIoT(AI+IoT)'라고 함. / 출처: 인공지능신문(http://www.aitimes.kr)

지난 3년간 학교생활에서 실내 측위, 위치 추적 등에 관심을 가지고 여러 가지 방법으로 어떤 물체의 위치를 알아내기 위해 노력한 한 친구가 있었습니다. 1학년 때는 학술적 기반이 아닌 실험적 기반으로 소리의 크기와 거리의 관계성을 찾아봤고, 이를 수식적으로 나타내기 위해 노력했지만 힘들었던 경험이 있었고요. 이를 바탕으로 학술적 기반의 중요함을 깨달았고, 이후 이 학생은 전파 모델(Propagation Model)[22]에 대해서 자세히 찾아서 검토하고 적용해보면서 프로젝트를 진행했습니다.

이렇게 탐구 발표를 준비하다 보면, 학생이 스스로 정한 주제의 선행 연구, 이론 모델을 찾기 위해 학술자료 공유 사이트를 찾아서 읽게 됩니다. 컴퓨터 혹은 통신 분야는 표준이 매우 중요한데, 표준은 우리가 쓰는 언어처럼 컴퓨터와 컴퓨터가 서로 소통하기 위해 쓰는 언어의 문법서와 같은 것입니다. 이런 표준을 정하는 국제적 단체인 IEEE[23]에서 학술적인 연구를 다양하게 진행합니다.

---

22) 전파 모델(Propagation Model of Electromagnetic Wave)이란, 이론적 및 실험적 또는 이를 혼합하여 전자파의 전파 특성에 대해 모델화하는 것임. 따라서 특정 거리, 위치, 지형 등에 따른 신호 세기의 상태 예측에 이용됨. 또한 무선 구간의 통신 신호처리를 위한 모델을 의미함.

23) IEEE는 전기 전자 기술 분야의 전문가 협회, 컴퓨터 통신, 전력, 에너지 기술 등의 표준 개발을 담당하고 있는 국제전기전자기술자협회이며 1884년에 설립되었음. (http://www.ieee.org)

3. 융합적 사고력 키르키 : 문제를 보는 다양한 관점

교과 수행평가와 발표수업 & 연관성 없어 보이는 비교과 활동에 적용할 질문!

Q9. 학교생활에서 창의성을 키우는 방법은 어떤 것이 있나요?

창의력, 창의적으로 생각하는 힘이 무엇인지 물어보면 정확한 답을 하기가 어렵습니다. 학교에서 주어진 과제를 해결할 때마다 새로운 아이디어를 잘 찾고 표현하는 능력이라고 말할 수도 있고요 언뜻 보면 연관성이 없어 보이는 서로 다른 현상 사이에 공통점을 발견하는 힘이라고도 할 수 있습니다. 어떤 사람은 상식에 의존하지 않고 나열된 정보를 인과관계에 맞게끔 재해석할 수 있는 자세가 '창의적이다'라고 설명하기도 합니다. 학생부 종합전형에서 학생부와 자기소개서 등 서류를 정성적으로 평가할 때는 학생의 비판적 사고 능력과 창의적으로 문제를 해결하는 자세를 중요한 평가지수로 활용하기도 합니다.

창의성은 다양한 관점이 공존할 때 가능하다는 것을 다시 느꼈으며, 이를 계기로 다양한 관점을 공유하여 협업을 통해 문제를 해결하는 것의 중요성을 깨달았습니다. 그러기 위해 누구나 편하게 생각을 말할 수 있어야 하고, 다소 어리석어 보이는 주장이라도 외면되어서는 안 된다고 생각해 경청과 상대방에 대한 존중의 태도를 갖추기 위해 노력하게 되었습니다.

그 후 먼저 나서서, 조원이 낸 엉뚱하거나 논리적이지 않은 의견에 공감해 주며 노트에 정리했습니다. 덕분에 딱딱하고 틀에 맞춰진 분위기가 아니어서 창의적 의견을 낼 수 있는 즐겁고 자유로운 토론 분위기를 형성할 수 있었습니다.

위 학생의 학교생활기록부 항목 중에 '행동특성 및 종합의견'란에 관찰된 내용을 한 번 살펴보겠습니다.

"학업에 대한 열의가 높고 다방면에 끼가 많으며 모든 활동에 성실히 임하는 모범적인 학생, 지적 호기심이 강하여 수업 시간에 적극적으로 질문하여 친구들로부터 예리하고 창의적인 질문을 많이 하는 친구로 인정받음."

이렇게 담임 선생님의 평가 내용이 기록되어 있었습니다. 그렇다면 학교생활을 하면서 실천했었던 구체적인 교과 활동과 토론, 발표수업을 어떤 자세로 준비했는지도 살펴보겠습니다.

매체의 복잡한 특징들과 낯선 용어 때문에 '언어와 매체' 개념 정리에 어려움을 느꼈습니다. 그중 복합 양식성, 뉴미디어 각각의 차이점을 이해하는 것이 필요하다고 생각해서 실제 사례를 통해 개념 분류를 시작했습니다. 복합양식성과 뉴미디어를 비교한 뒤 유튜브를 활용해 연관된 예시를 공부하면서 마케팅과 미디어의 관계를 이해하는 것이 중요하다는 생각이 들었습니다.

이후 또 다른 사례를 찾아보다가 중국의 유명 인플루언서인 '왕홍[24]'이 먹방, 메이크업을 주제로 방송하며 음식과 화장품을 홍보하는 면에 주목하게 되었습니다. 관련 칼럼과 KOTRA[25]에서 확인한 중국의 소비 패턴 관련 자료를 읽으며 '왕홍 경제'라고까지 불리는 그 파급효과가 인상 깊었습니다. 이 때문에 1인 미디어들이 소비문화 말고도 문화적 다양성에 어떻게 상반된 영향을 미치는지 궁금했습니다.

영화 '기생충'에 대한 해외 반응 영상을 참고해 재벌문화에 대해 비판적인 시각과 열린 시각을 파악할 수 있었습니다. 이러한 활동들로 비대면 관계가 확산될 미래 사회에서 1인 미디어가 단지 흥미 본위의 콘텐츠가 아니라, 서로의 문화적 편견을 깨주는 역할도 할 수 있다는 점을 배웠습니다.

24) 왕홍은 왕루어홍런(網絡紅人)의 줄임말로 인터넷을 뜻하는 '왕'과 유명하다는 뜻의 '홍'을 합한 말임. 장다이는 중국의 마이크로 블로그 플랫폼 웨이보(微博)에서 팔로어 1170만 명을 보유한 온라인 스타다. 그는 예쁜 외모와 패션 감각으로 웨이보에서 일찌감치 유명세를 탔고, 2014년 타오바오에 입점하면서 자신을 브랜드화한 대표적인 왕홍임. 왕홍 개념이 등장한 것은 2010년 초반. 중국 소셜네트워크서비스(SNS) 웨이보, 위챗 등을 통해 자신을 알리는 사람이 생기고, 이들을 팔로(follow)하는 사람이 많아지면서 인기를 얻었음.

25) 대한무역투자진흥공사(KOTRA)는 무역 진흥과 국내외 기업 간 투자 및 산업 기술 협력의 지원, 해외 전문인력의 유치 지원, 정부간 수출계약 등에 관한 업무를 하게 함으로써 국민경제 발전에 이바지하기 위해 설립된 산업통상자원부 산하 위탁집행형 준정부기관임.

'마케팅과 미디어의 관계'를 이해하기 위해 진행했던 자료 조사와 내용 분석으로 위 친구는 탐구 보고서 같은 활동의 결과물을 강조하지 않았습니다. 뉴미디어의 개념을 구분하고 특징을 공부함으로써, '1인 미디어가 소비문화 말고도 또 어떤 현상에 영향을 미치게 될까'라는 두 번째 질문을 얻은 과정을 이야기하고 있네요. 결국 왕홍, 중국의 소비패턴, 문화적 편견에 대해서 이전보다 구체적인 사례와 정보를 배우게 된 것입니다.

Q10. 불편함에 대한 민감성(=문제를 인식하는 능력)에 영향을 미치는 경험을 제 주변에서 찾을 수 있나요?

불편함에 대한 민감성은 평소 넘기는 것을 좀 더 편하게 바꿀 방법이 없을까? 라는 생각에서 출발하는 것이 좋습니다. 예를 들면 어떤 뉴스에서 아파트 환풍기가 과열되어 화재가 발생했다는 것을 봤습니다.

'아! 환풍기가 과열되면 불이 날 수 있으니 조심해야겠다.' 에서 '어떻게 하면 화재를 예방할 수 있을까?'로 생각이 전환되는 것이죠. 과열을 감지하는 센서를 활용해 전기를 차단하는 장치를 만들 수도 있고 타이머를 활용하여 너무 많은 시간 동안 가동이 되면 자동으로 꺼주는 장치를 생각해 볼 수도 있을 것입니다.

다른 예를 들어볼게요. 추운 겨울날 방 안의 온도를 일정하게 맞추고 잤는데 새벽이 되면 너무 덥거나 추울 수 있습니다. 온도 조절 스위치에서 기온을 측정하여 목표 온도에 도달하면 꺼지게 세팅되어 있지만 온도 조절기의 기온 센서 위치와 사람이 자는 공간이 다를 수 있어 자는 동안 덥거나, 추운 경우가 발생 할 수 있습니다. 새벽에는 창문 근처의 기온이 낮아질 수 있는데 기온을 측정하는 센서는 보통 방문 옆에 있는 경우가 많습니다. 온도 세팅을 해 놓고 자더라도 새벽이 되면 창문 쪽은 추운데 보일러는 돌지 않는 경우가 있습니다. 불편하죠… 대안은 무엇일까요? 온도 센서의 개수를 늘리거나 온도 센서 위치를 바꾸는 것입니다. 또한 와이파이 환경에서 IoT 기능이 되는 제품을 확인하며 어떻게 하면 겨울밤에 온도를 일정하게 유지할 수 있는지 고민할 수 있습니다.

얼마 전에 개교한 신설 학교에서 아이들과 소통하게 된 선생님의 이야기입니다. 이 학교의 교실마다 공기 환기 장치가 있습니다. 자동으로 설정하면 일정한 시간에 따라 가동이 되었다 꺼졌다가 합니다. 이것과 이산화탄소 측정기와 연동을 시키면 어떨까요? 공기 중 이산화탄소가 높아지면 자동으로 켜지고 공기 중 이산화탄소가 낮아지면 자동으로 꺼지는 장치를 만들어 볼 수 있지 않을까요?

이런 시각으로 본다면 우리 주변에 프로젝트 주제로 삼을 것이 너무 많겠지요? 가장 쉽게 실현할 수 있는 주제를 찾아보세요! 이왕이면 우리 생활 즉 학생 생활과 더욱 밀접하면 좋을 것 같습니다.

또한 여러 대회의 수상작에서 아이디어가 떠오를 수 있습니다. 요즘은 인공지능을 활용한 아이디어들도 많이 나오니 관심 있다면 한번 찾아보세요.

Q11. SW와 코딩, 프로그래밍을 공부하고 탐구할 때 인문사회학 분야는 열심히 공부 안 해도 될까요?

> " 테크놀로지만으로는 충분하지 못하다. 테크놀로지는 인문학과 함께 할 때에서야 비로소 우리의 마음을 움직일 수 있다. "

아이패드2를 소개 발표의 마지막에 잡스가 한 말입니다. 공학적 관점과 하드웨어 기반의 테크놀로지만의 발전에 한계가 있음을 알려준 말이라고 생각합니다. 대학 시절 스티브 잡스는 철학을 전공했었죠. 비록 한 학기 만에 중퇴했지만, 다양한 교양 수업을 청강하던 중 특히 서체 공부에 몰두했습니다. 이후 매킨토시를 만들 때, 유려하고 아름다운 디자인을 선보이게 된 계기가 바로 대학 때 배운 서체의 영향이라고 강조했고요.

하버드대 재학 중 마크 저커버그의 전공은 컴퓨터과학과 심리학이었죠. 그는 심리학을 전공한 이유를 "사람들이 가장 흥미를 갖는 것은 다른 사람들"이라 하며, 사람을 연구하고 싶었기 때문이라 들었습니다. 마침내 그는 '보다 열려있고, 서로 연결된 세상을 만든다(making the world more open and connected)'를 목표로 한 페이스북을 만듭니다.

단순 지식의 축적이 아닌 창의, 협업, 도전, 윤리와 같은 새로운 세상에 대한 태도와 행동이 미래 사회에 필요한 역량일 것입니다. 지식을 활용하려면 창의성이 중요합니다. 지식을 더욱 가치 있게 활용하려면 어떤 노력이 필요할까요? 바로 협업입니다. 이와 함께 지식을 활용해서 무엇인가를 직접 만들어보려는 도전정신, 인간을 위한 결과물이 나와야 함을 배우는 자세인 윤리를 자연스럽게 배우게 되지요. 이를 통해 여러분은 세상을 더 균형 있게 바라볼 수 있을 것입니다.

<확률과 통계의 역설>을 주제로 보고서를 쓰며, 흔한 오류에 대해 배운 학생이 있습니다. 이 경험을 토대로 실생활에서 통계를 접할 때 흔히 하는 실수를 반복하지 않으려 노력했고요. 주어진 데이터와 직접 얻은 데이터를 통해 분석도 시도했습니다.

공부를 잘하는 학생과 그렇지 않은 학생 사이에 어떤 공부 습관이 있는지에 대해 의문이 들어 분석해보고 싶었습니다. 성적이 잘 나오는 데에는 공부 시간, 공부 환경 등과 같은 요인이 있다고 생각하여 그와 관련된 설문 조사지를 제작하여 실시한 후 결과를 분석하기로 했습니다. 데이터를 분석하는 과정에서 성적과 상관계수를 직접 계산하여 어느 요인이 성적에 가장 큰 영향을 미치는지에 대해 계산해보고자 하였지만, 유의미한 결론을 얻지 못했습니다.

설문조사 내용에 성적이라는 민감한 부분이 들어갔기 때문에 설문조사에 대한 답변이 저조했었고, 그래서 믿을만한 정보를 얻지 못하게 만들었다고 반성했습니다. 이를 통해 다음에는 데이터를 제공하는 사람의 입장도 고려해야 한다는 점을 배울 수 있었습니다. 데이터의 분석 과정에서 끈기, 데이터 간의 관계를 꿰뚫는 통찰력이 필요하다는 점을 느꼈습니다.

주변 현상을 분석한 덕분에 코로나19 관련된 문제 상황에 공감하며 수학적인 아이디어를 찾을 수 있었습니다. 자료 조사를 통해 일반적 질병 예측 모델[26]은 확진자 수를 간단히 구할 수 있다는 장점도 있지만, 모든 변수를 고려하지 않는다는 한계가 있음을 문제 상황으로 찾게 됩니다. 이런 한계점을 보완하기 위해 여러분이라면 어떤 해결방안을 찾아야 할까요? 어떤 친구는 인구밀도를, 다른 친구는 연령별 치명률[27]을 도입한 질병 모델링을 구상해볼 수도 있을 겁니다. 또 질병 모델링의 실제 적용을 위한 예측 모델을 토대로, 방역예산 분배 문제를 직접 상정하고 추론할 수 있는 사고력의 뿌리는 바로 사람과 사회에 대한 따뜻한 관심이라는 것을 기억하길 바랍니다.

---

26) 다빈도 질환의 질병 예측 모형 개발연구(Prediction Model of Frequent Diseases)란, 질병 발생의 위험도를 합리적으로 예측하는 것은 질병 예방 전략 수립을 위한 가장 기초적인 연구임. 여러 위험요인 정보를 이용하여 발생 위험을 예측할 때, 주요 위험요인인 가족력을 포함하면 정확도를 높일 수 있음. 또한 질병 발생 예측모델은, 위험도 계층화(Risk stratification)라고 설명하기도 함. 위험도 계층화는 사망이나 사건, 질병 발생 위험에 따라서 환자군을 분류하는 기준임. 환자의 위험도에 따라서 현재의 치료 방침을 결정하게 되는데 위험이 높을수록 더욱 철저하게 질병을 치료하거나 (대개 부작용 가능성도 높은) 강한 약을 사용하는 것이 추천됨.

27) 치명률은 어떤 질환의 환자 수(이환자수)에 대한 그 질환으로 인한 사망자 수의 비율을 말함. 치명률 = 사망수 / 환자수 x 100

Q12. SW 관련 대회에는 무엇이 있는지 궁금해요.

여러 곳에서 주최하는 SW 대회가 있습니다. 주최가 대학인 것도 있고 기업인 대회, 교육청이 주최하는 대회도 있습니다. 특기자 전형으로 대학을 가고자 한다면, 그 대학에서 주최하는 대회에서 입상하는 것이 평가에서 장점이 될 수 있습니다. 하지만 대학을 정하지 못했거나 초등학교나 중학교학생이 대회를 나가고자 한다면 다른 대회도 많습니다. 몇 가지만 정리해 보겠습니다.

[1] 삼성 주니어 소프트웨어 창작 대회
삼성에서 주최하는 대회로 매년 주제가 조금씩 변하지만, 기본적으로 SW를 통해 일상생활을 변화시키는 것이 대 주제입니다. 초등, 중등, 고등부 대회로 나뉘게 되며 초등학생부터 출전할 수 있습니다.

예선을 통과하면 디자인 씽킹 클래스 수업을 들을 수 있고, '부트위크[28]' 온라인 멘토링도 받을 수 있습니다. 부트위크에서는 디자이너, 기획자, 개발자로서 실제 업무를 하는 삼성전자의 임직원으로 멘토를 선정하여 아이디어와 구현 계획에 대한 피드백을 통해 실행화 단계를 지원합니다.

모든 것은 포트폴리오화 되어 대회가 끝나면 제공됩니다. 꼭 수상이 아니더라도 예선만 통과할 수 있으면 정말 좋은 경험이 됩니다. 특히 이 대회가 좋은 이유는 단순히 '코딩을 누가 잘하냐?', '문제 해결력이 누가 더 좋으냐?' 같은 단순 평가가 아니라, 더 창의적이고 반짝이는 아이디어를 누가 현실감 있게 풀어냈느냐를 보는 관점으로 접근하기 때문입니다. 현실 가능한 창의적 아이디어를 고민하는 것이 중요한 경험이라고 할 수 있습니다.

---

28) 결선을 통과한 팀을 대상으로 삼성전자 소프트웨어 전문가 멘토와 아이디어를 구체적으로 발전시키며, 진정한 소프트웨어 전문가로 성장할 수 있는 프로그램을 온라인으로 제공함.

[2] NYPC (=NEXON YOUTH PROGRAMMING CHALLENGE)[29]

넥슨에서 주최하는 코딩 대회로 '세상을 바꾸는 코딩'이라는 캐치 프라이즈를 가지고 프로그래밍에 관심 있는 청소년이 모입니다. 참신하고 흥미로운 프로그래밍 문제를 통해 세상을 바꾸는 코딩과 만나는 새로운 도전의 장을 열어주는 대회입니다. 참가 자격은 12~19세로 초등학생도 참여 가능하며 예선 대회는 온라인으로 진행됩니다.

대회 사이트에서 문제 풀이 후 제출하면 되는데요, 사용언어는 파이썬, 자바 C#, C++,C중 선택할 수 있어 난이도가 있는 편입니다. 본선 대회는 넥슨 판교 사옥에 모여 동일한 PC 환경에서 대회 사이트를 통해 문제를 푸는 형식입니다. 대상 수상자에게 문화체육 관광부 장관상과 상금 300만원에 노트북이 상품으로 제공됩니다. 금상은 한국콘텐츠 진흥원의 원장상 및 상금 200만원에 노트북 등 시상품이 풍부한 편입니다.

[3] 해커톤 대회

'해킹(Hacking)'과 '마라톤(Marathon)'의 합성어입니다. 마라톤처럼 일정한 시간과 장소에서 프로그램을 해킹하거나 개발하는 행사입니다. 어떤 지역에서는 교육청이 주최하기도 하며 일부 지역은 기업이 협찬하기도 합니다. 다양한 해커톤[30] 대회가 존재하며 경남의 경우 엔트리와 스크래치를 기반으로 올해는 온라인으로 진행됩니다. 주제는 대주제인 <슬기로운 코딩 생활>을 바탕으로, 제시되는 소주제의 다양한 문제 해결을 위한 프로그램을 제작하게 됩니다.

[4] 대학별 SW 대회

대학에서 SW 대회를 열기도 합니다. 대표적인 곳이 경희대[31]와 국민대[32]입니다. 만약 이곳을 목표로 특기자 전형을 생각하고 있다면 꼭 살펴보세요.

---

29) <청소년 프로그래밍 챌린지>임. 2020년에는 <바람의 나라>, <카트라이더>, <크레이지 아케이드> 등 넥슨 게임 IP를 활용한 문제가 다수 출제되었으며, 지난 NYPC 수상자 및 넥슨 임직원의 아이디어가 적용된 문제도 공개됨.

30) ① 하이톤(High-Thon) : 현역 고등학생들이 자발적으로 모여 대회 기획과 운영. 홍보 등의 전 과정을 직접 진행하는 해커톤 대회임. IT 기술에 관심 있는 고등학생 개발자, 디자이너, 기획자들이 모여 자유롭게 팀을 구성하고 주어진 주제에 맞춰 무박 2일 내에 프로그램, 앱, 솔루션 등을 개발하고 발표함. ② 생활폐기물 데이터와 AI활용 아이디어 해커톤 대회 : 생활폐기물 데이터와 인공지능(AI)을 활용한 환경오염 저감방안 아이디어 발굴과, 관련기업과의 취업 매칭을 통한 청년취업 연계(대학생 이상). ③ MZ 인공지능 해커톤 대회 : 의료 용어 Q/A 시스템 (Medical QuAD) 구축 & AI 장치용 STT(Speech To Text)를 위한 의도 분류(AI-NLU with STT. 대학생 이상) ④ 고등학생 진로체험 SW해커톤 대회(세종대) : 실생활과 학교에서 활용 가능한 소프트웨어를 주제로 이 분야 전공학생 10명을 멘토로 선발해 학생들을 사전에 지도함.

31) 전국 고등학생 알고리즘 경진대회(경희대) : 문제 자체가 정보 올림피아드 지역 예선 수준을 보이며, 무엇보다 장려상 이상 수상할 경우 경희 대학교 실기 우수자 전형(K-SW인재) 지원 시 수상내역을 포함한 자소서를 인정해줌.

32) 국민대학교 알고리즘 대회 : 소프트웨어 개발에 필요한 기본적인 알고리즘을 응용하여 각자의 문제 해결 능력을 충분히 평가할 수 있도록 다양한 난이도로 출제함. & 적절한 알고리즘을 복합적으로 사용하여 주어진 문제를 정확하고 효율적으로 해결할 수 있는지를 중점적으로 평가함. & 사용가능한 언어는 C/C++, Java 임.

Q13. 코딩을 잘하는 것과 질문을 하는 것, 둘 다 필요한가요?

코딩을 잘 한다와 질문을 잘 한다는 것을 구분해볼게요. 공부를 잘하는 것이 코딩, 배운 지식을 연결하고 검증하는 것이 질문일 겁니다. 왜 코딩과 질문을 둘 다 잘해야 하는 걸까요?

문제를 확인하고 접근하는 알고리즘적인 사고와 프로그래밍을 통해 단계별로 해결해나가기 위해 여러분은 우선 코딩을 잘해야 합니다. 하지만 코딩 능력이 뛰어나다고 해서 프로그래밍 결과 창작된 소프트웨어의 완성도나 사용한 이들의 만족도가 모두 좋은 것은 아닙니다. 다시 말해서, 코딩의 결과물이 처음에 목표로 정했던 문제 상황을 그냥 해결만 했다고 해서 만족하면 안 된다는 의미입니다. 그 과정에서 사용된 규칙과 데이터에 대한 비판적 질문이 중요하기 때문입니다.

매우 좁은 장르인 뉴스 기사만을 통해 데이터를 수집하는 인공지능 소프트웨어가 있다면, 어떤 일이 생기게 될까요? 수집하고 분석한 기사 글에 자주 등장한 어휘와 문장을 토대로 우리가 궁금한 것들에 대한 답을 도출할 것입니다. 따라서 '편견 편향'을 나타낼 가능성이 있지요. 편견은 외모, 사회적 계급, 지위, 성별 등에 관한 문화적 영향이나 고정관념의 결과로 발생합니다. 그런 이유로 편견을 가진 데이터가 머신러닝 모델에서 학습되는 경우, 그리고 편견이 수정되지 않으면 실생활에서 존재하는 것과 같은 고정관념이 데이터에도 적용됩니다.

직장에서 일할 사람을 찾는 컴퓨터 비전[33] 프로그램을 사례로 들어볼게요. 이 프로그램은 직장에서 일할 사람을 찾는 모델로, 남성은 코딩하고 여성은 요리하는 수천 개의 훈련 데이터가 제공되었다고 하면, 이 알고리즘은 코딩하는 사람은 남자, 요리하는 사람은 여자로 인식할 것입니다. 분명히 여성도 코딩을 할 수 있고 남성이 요리를 할 수 있음에도 불구하고 데이터가 고정관념을 반영하는 것이 문제이지요.

이처럼 코딩 과정에 대한 비판적 질문을 소홀히 여길 수 있어서 모든 AI 프로젝트의 85%가 실수,

---

33) 컴퓨터 비전의 실험은 1950년대에 처음으로 이뤄졌는데, 여기에는 객체의 가장자리를 감지하고 단순한 형태의 개체를 원이나 사각형 같은 범주로 분류하는 최초의 신경망이 사용됨. 최초로 상용화된 컴퓨터 비전은 광학 문자 인식 기법을 사용하여 활자체나 필기체를 해석함. 주로 시각 장애인용 서체를 해석하는 데 사용되었음. 객체 식별 및 분류 정확도가 10년 만에 50%에서 99%로 상승했으며, 오늘날의 시스템은 사람보다 더 우수한 정확도로 시각적 입력 정보를 빠르게 감지하여 반응함.

오류, 편견 등을 통해 잘못된 결과가 나올 것을 인공지능 관련 전문가들이 예측하는 것이죠. 특히 다양성 및 편견 문제가 심각할 수 있다고 우려합니다. 왜냐하면 다양한 분야에 적용되는 인공지능 관련 코딩의 90%가 남성에 의해 수행되고 있기 때문입니다. 따라서 AI 관련된 용어, 코드, 데이터 및 각종 머신 관련 작업에서 편견 편향이 아닌 다양성 개념을 구현하고 확장하는 것이 얼마나 어려운 일인지 짐작할 수 있을 겁니다. 바빌론 심장마디 앱[34]이 바로 그 사례의 하나이지요. 남성 환자의 데이터 세트로 훈련된 이 앱은 공황 발작을 일으킨 여성 환자에 대해 오진한 적이 있습니다.

코딩을 정말 잘하고 싶다면, 데이터에 내재 된 편향 개념이 없는지 늘 경계해야 합니다. 또한 프로그램이 만들어지는 과정과 문제를 해결하는 과정에서 비판적 질문이 중요함을 기억하길 바랍니다.

Q14. 수학적 사고력을 기르고, 생활 속에 적용하려면 어떻게 해야 하나요?

컴퓨터의 작동원리가 참, 거짓(0,1)에 대한 알고리즘적 사고를 대입하여 만들었기에 수학적인 원리가 적용됩니다. 즉, 알고리즘에 기초를 하는 것이죠. 학교에서 시험 기간이 다가오면 동아리 학생들에게 수학 문제를 풀도록 지도한 어떤 선생님의 조언처럼 문제 해결의 과정을 학생 스스로 알아가는 것이 좋습니다. 단, 수학 문제를 풀면서 그 과정을 알고리즘처럼 순서대로 과정을 잘 기록해야 합니다.

결국 수학 문제를 푸는 과정도 알고리즘적 사고를 통해 문제 해결의 과정을 세세하게 풀어나가야 답이 나오기 때문입니다. 실제 학생들에게 '수학적 사고력'이 자신의 관심 분야에서 왜 중요한지를 물어봤습니다.

---

34) 바빌론 심장마디 앱 말고도, <심장 청진음을 인공지능 기반으로 분석하는 기술>도 개발됨. 심장음 분석 인공지능 기술(=AI 바디사운드)은 심장음 3,000여개를 2년에 걸쳐 수집하고 심장음의 특성에 맞는 사운드의 특징점을 추출한 뒤 모델링해 머신러닝 엔진으로 분석함으로써 의사가 판별하는 수준의 정확도를 달성한 것이 특징임.

학생1: 열심히 수학을 탐구할 때 꾸준히 그 사고력을 기르기 위해 노력하는 게 중요하다고 생각해요. 그러기 위해 저는 개념과 응용의 연결고리에 대해서 분석하는 연습을 자주 하는 편입니다.

학생2: 저는 '통신공학[35]' 분야를 좋아합니다. 제가 좋아하는 이 분야는 많은 정보를 효율적으로 제공해야 하기 때문에 회로를 구성할 때 벡터 원리가 적용되는 등 수학적 기법이 다양하게 사용되고요.

학생3: 신재생에너지 공학에 관심이 많습니다. 에너지량과 발전기 부분에서 수학적인 모델링을 할 때 허수 개념이 적용되고 있다는 점을 배우고 있고요. 또한 태양열 발전기 등을 제작할 때 기하학적 원리를 이해하는 것이 중요합니다.

세 학생 모두 다양한 이야기를 하고 있네요. 반드시 컴퓨터공학이나 SW 분야의 진로 목표가 아니더라도 교과 개념과 실생활 속 원리를 연결하는 공부와 탐구 활동이 왜 필요한지를 깨닫게 해준 답변이었습니다. 각자의 전공 분야에 대한 지적 호기심과 함께 탐구 역량이 향상되고 있다는 것을 느꼈습니다.

다음에서 수학적 사고력과 데이터를 잘 분석하는 역량을 교과 활동과 동아리활동의 주제 탐구 과정을 통해 길러온 친구의 경험을 살펴보겠습니다.

35) 통신공학은 다양한 지식과 기술의 결합체이기 때문에 대학교의 정보통신공학 전공자 외에도 전자공학, 컴퓨터공학, 전파공학, 소프트웨어 관련 학문 등 다양한 전공자들이 진출하고 있음. 정보통신공학과에서는 전자공학 외에도 통신이론, 광통신, 이동통신, 데이터통신, 무선통신 등 통신 관련 과목에 대한 이론과 각종 실험&실습을 함.

전자기 단원을 공부할 때와 물리, 화학과 연관되는 책을 바탕으로 발표 주제를 정해야 할 때 어떻게 하면 수학적 사고력과 생활 속 사례를 찾을 수 있을지 생각해봤습니다. 이후 물리학1 수업 활동으로 광통신의 장점을 조사한 것을 계기로 광섬유 및 광통신의 전반사 원리를 주제탐구 발표에서 학습할 수 있었습니다. 광통신이 어떻게 개발되고 발전해왔는지 그것에 영향을 미친 기술과 원리는 다양했습니다.

제가 참고한 보고서는 사례가 많고 전문 개념이 많이 나왔지만, 통신 효율을 높이는 새 기법을 ETRI[36] 웹진에서 전자통신 동향을 하나하나 살피며 조사했습니다.

주제탐구 발표에 여러 번 도전하면서, 저는 돌발 상황이 생겨도 바로 포기하면서 질문하지 않고 스스로 해결해보려는 노력을 해왔습니다. 또한 문제를 해결할 때도 해결하는 것에만 중점을 두지 않고 원인을 찾으려는 노력이 즐거웠습니다. 이 덕분에 메이커스 동아리 활동을 하면서, 아두이노의 처리 속도에서 생긴 문제 현상을 개선할 수 있었습니다. 또한 수학1 시간에 배웠던 사진 파일을 SNS 상에서 고해상도의 사진도 빠른 시간에 전송할 수 있는 원리를 더 잘 이해할 수 있었습니다.

통신 효율을 높이는 기술과 원리가 궁금해서 찾아 읽은 전자통신 동향, 아두이노의 처리 속도 관련된 문제 상황을 해결하고자 적용한 수열 형태의 배열을 통해 위 학생은 여러분에게 중요한 힌트를 주고 있습니다. 바로 문제를 해결했다는 결과 자체보다 그 과정에서 문제의 원인을 찾으려는 노력이 수학적 사고력을 성장시킨다는 사실이지요. 또 배운 지식에서 전자기학이나 광학, 센서 공학, 수학적 모델링, 이미지 재해석 같은 생활 속 문제 상황을 자주 탐구하면서 복잡한 데이터 안에서 인과관계를 이해하는 연습을 할 수 있었던 것으로 보입니다.

---

36) 한국전자통신연구원(ETRI)은 1976년 12월 30일 KIST 부설 한국전자기술연구소와 한국전기기기시험연구소를 모태로 하고 있음. 이들 두 연구소와 1977년 설립된 한국통신기술연구소를 통합, 1985년 3월에 정보통신 전문 연구기관으로 한국전자통신연구소를 발족함. 2019년에 25Gbps급 촉각인터넷 기술 '틱톡(TIC-TOC)' 개발. 2020년에 시각지능 원천기술 플랫폼 '딥뷰(Deep-view)' 개발 등의 연구 성과가 있음.

컴퓨팅 사고력의 성장 근거를 나에게 발견하자!

6장
전공자 & 개발자의 SW 이야기

◎ 컴퓨터를 통해 가치를 찾아다니는 여행을 시작하다.

◎ 위기를 기회로! 포기하지 말고 쫄지 말자!

◎ 수학도에서 사이버보안 전공으로의 Transform

◎ 육군사관학교에서 컴퓨터 공학도의 꿈을 찾아 캐나다까지

◎ 문과 출신으로 AI 전공. 모두의 SW를 느껴보다.

◎ 대기업보다 하고 싶은 일을 할 수 있는 카카오로!

◎ 끊임없이 '즐겁게, 항상' 공부할 수 있는 매력

◎ 27살에 배운 코딩으로 개발자가 되기까지

◎ 협업과 소통이 숨 쉬는 Daily Stand up

1. 컴퓨터를 통해 가치를 찾아다니는 여행을 시작하다.

건국대학교 컴퓨터공학부 20학번 정은아

 코딩 및 SW에 관심을 가지게 된 동기는 무엇인가요?

사실 명확한 꿈 없이 고등학교에 입학했습니다. 이루고자 하는 목표도 없고, 무엇을 해야 하는지 모르는 채로 1학년 때 방황을 많이 했었던 것 같아요. 하지만 정말 우연한 기회로 꿈을 가지게 되었습니다.

저희 모교에서는 매년 진로의 날 행사를 합니다. 졸업생이 학교로 찾아와 자신의 전공에 관해 설명해주는 프로그램이에요. 1학년 때는 어떠한 학과에도 흥미가 없어서 그저 친한 친구를 따라 멀티미디어 공학부 소개하는 교실로 갔었습니다. 선배는 컴퓨터랑 VR 기계 등을 다루는 활동을 통해 전공을 소개해 주었는데 다 이해할 수 없었지만, 너무너무 재밌어 보였어요. 이때 처음으로 '컴퓨터, 재미있겠는데?'라는 생각을 하게 되었습니다.

이후 친구와 같이 파이썬 코딩 방과후 수업을 들었어요. 이러한 과정에서 제 진로를 향한 첫 단추를 맞췄습니다. 파이썬 방과후 수업을 들을수록 코딩의 매력에 빠져 컴퓨터 분야를 제 진로로 정할 수 있었어요.

이렇게 정말 사소하고 우연한 것이 누군가의 삶을 바꿔줄 수 있습니다! 만약 이 책을 읽는 청소년들은 어떤 조그마한 경험일지라도 값지고 소중하다는 것을 기억하세요! 두려워하지 말고 최대한 많은 것을 경험해보길 바랍니다!

 고2 때 학교에서 방과 후 수업을 적극적으로 수강했다고 알고 있습니다. 어떤 수업이 가장 기억에 남을까요?

컴퓨터 관련 방과 후 수업은 다 수강했어요. 그 중 컴퓨터 언어를 배웠던 방과 후 수업(파이썬, C언어 프로그래밍)이 가장 기억에 많이 남습니다! 특히 파이썬은 1학년 때 저를 컴퓨터 전공의 세계로 끌어들인 언어이기도 하고, 고등학교에 다니며 했던 것 중 얻은 것이 가장 많았던 활동이라고 생각합니다.

1학년 때 목표가 없어서 방황을 많이 했었다고 했잖아요? 이루고 싶은 것도 없고 잘하는 것은 하나도 없다고 느낄 때쯤 친구 따라 파이썬 방과후 수업을 들었던 거였어요. 당연히 처음 배우는 컴퓨터 언어니까 어렵기도 했고 제대로 성공하는 것도 없었습니다. 할 수 있는 것은 그저 남의 코드 받아쓰기뿐이었어요.

그런 과정을 겪었지만 다른 교과의 공부와는 다르게 '잘하고 싶다!'고 오기가 생기더라고요! 그래서 방과 후 수업 끝나고 배웠던 것을 혼자서 다시 복습해보고, 혼자서 코딩 실습을 해봐서 프로그램이 매끄럽게 돌아갈 때까지 계속 반복을 했습니다. 심지어 1학년 겨울방학 때 이 수업을 재수강까지 했지요. 2번째 수강했을 때 선생님께서 내주신 과제를 혼자의 힘으로 해결할 수 있게 되었어요. 스스로 성장을 했다고 느끼는 뿌듯함, 만족감이 정말 크게 느껴졌어요. '나도 노력을 하면 무언가를 해낼 수 있구나!'라는 깨달음을 얻었습니다. 이것이 그 이후의 제 생활에서 가장 큰 원동력이 되었지요.

이렇게 쌓은 코딩 실력으로 2학년 때는 친구들이 짠 코드를 디버깅과 질의응답을 하는 코딩 학생 조교를 맡았습니다. 사실 이 활동에서 배운 것이 더 많아요. 코드에서 오류를 잡아내는 일은 그 코드에 대해서 정확히 알아야만 가능합니다. 친구들이 개념에 대해 질문할 때 어떻게 설명할지 고민을 엄청나게 했었어요. 이 과정을 통해 그동안 배운 것을 차곡차곡 정리하면서 진정한 나의 실력으로 만들 수 있었습니다. 남에게 도움을 주기 위해 시작한 일이었지만 결국은 내가 얻는 것이 더 많은 활동이었습니다.

 2학년 때 챗봇을 개발했다고 들었습니다. 좀 더 자세히 알고 싶습니다.

2학년 때 '이화여자고등학교의 정보 전달 개선을 위한 학생 편의 챗봇 개발'이라는 주제로 개인 연구 활동을 시작했습니다. 학교생활에서 급식 메뉴, 각 선생님의 교무실에서의 책상 위치, 교내 행사 등 정보를 접하는 방법이 너무 불편해서 이것을 개선하고 싶었습니다. 그 해법으로 챗봇을 개발하기로 했어요.

이 프로젝트를 하면서 정말 많은 것을 얻었어요. 우선은 챗봇의 구현 원리, 자연어 처리에 대한 기능적인 부분에 대해서 배웠고요. 활동하면서 얻은 가장 중요한 가치는 '협동'의 중요성이었습니다. 챗봇을 구현하기 전까지 우여곡절이 너무 많아서 '우리 실력으로 무리야. 포기하자.'라는 생각을 수십 번도 더 했지요. 챗봇 빌더 플랫폼을 찾는 것도, 구현 방법을 익히는 것도, 챗봇을 운영하는 것도 도움을 구할 방법이 주변에 없었으니까요. 같이 프로젝트를 진행한 팀원이 없었더라면 아무것도 해내지 못했을 거예요. 여기에서 팀원이 얼마나 중요한지를 절실하게 깨달았어요. 또한 실패해도 다시 일어날 수 있는 용기를 배웠습니다. 그렇게 챗봇 빌더를 통해 챗봇을 구현했고 후에 카카오톡과 연동해서 학생들에게 서비스를 제공하였습니다. 서비스 제공 중에도 학생들에게 설문지를 통해 의견을 받아 오류를 해결하고 수렴한 건의대로 매점 물품 및 가격 안내 등의 기능을 더 늘려나갔었습니다.

다양한 활동을 하면서도 내신 성적이 1학년 1학기부터 3학년까지 매 학기를 거듭할수록 눈에 띄게 많이 상승했어요. 교과와 비교과 활동을 모두 챙길 수 있었던 자신만의 노하우가 있을까요?

특별한 노하우는 없었던 것 같습니다. 그저 목표를 이루기 위해 할 수 있는 모든 것을 하는 것이 전부였어요. 컴퓨터 분야의 꿈을 이루기 위해 대학을 가고 싶었고, 그 대학을 가기 위해선 1학년 때 저지른 실수(낮은 내신 성적. 노력의 부족 등)를 모두 만회해야 했습니다. 그러려면 버릴 수 있는 과목은 정말 하나도 없다고 생각했어요.

비교과 부분에서도 마찬가지였어요. 지푸라기라도 잡는 심정으로 학교에서 할 수 있는 모든 활동을 최선을 다해 참여하고 성과를 내고자 노력했습니다. 그러니 항상 시간이 부족하고 짜투리 시간도 너무 소중했어요. 시간을 쪼개며 공부 시간을 최대한 확보하려고 했던 게 가장 주요했습니다. 그래도 비교과 활동이 제가 좋아하는 컴퓨터에 대한 것들이라 싫지는 않았던 것 같아요.

솔직히 그렇게 열심히 노력하면서도 '이렇게 사는 것이 맞나? 이렇게 해서 목표로 하는 결과를 과연 이룰 수 있을까?'라는 생각에 불안했고 걱정도 많이 했습니다. 그럴 때마다 '해온 일에 자신감을 가지자. 나를 믿고 나가자. 더 노력하자.'라고 다짐했어요. 고등학교 생활 동안 정말 불안하고 힘든 시간이 많겠지만 마지막에는 어떤 꽃이 피어있을지 아무도 모르는 거잖아요? 기왕에 주어진 것에 끝까지 포기하지 않고 아름다운 꽃을 피워보는 노력을 하는 게 가장 중요하다고 생각하게 되었습니다!

 자기소개서를 쓰는 게 상당히 어렵다고 학생들이 이야기합니다.
정은아 님의 자기소개서 작성기를 들려주세요.

저도 자기소개서를 작성하면서 많이 힘들었어요. 글솜씨가 좋은 편이 아니라서 어떻게 하면 내 얘기들을 잘 풀어낼 수 있을까 고민을 많이 했던 것 같습니다. 일단 내 장점이 뭐가 있을지를 살펴봤습니다. 면접관님이 제 생활기록부에서 이것만큼은 꼭 봐줬으면 좋겠다고 생각되는 활동을 쭉 나열해보고 선별했습니다. 이렇게 먼저 큰 틀을 잡고 나서 두괄식으로 세부 내용을 작성하면서 글을 더 깔끔하게 작성하려고 노력했습니다. 물론 활동에서 어떤 것들을 했는지도 중요하지만, 자신이 그 활동 속에서 '어떤 것을 느끼고 배웠는가'가 훨씬 더 중요합니다. 실패했었던 얘기도 상관없어요. 이를 어떻게 극복했는지, 그 속에서 발견한 가치를 어필하는 것이 효과적인 것 같아요.

자기소개서는 글솜씨를 보고 뽑는 것이 아님을 꼭 기억했으면 좋겠어요. 글쓰기에서 스트레스를 꽤 많이 받았었는데 포장보다는 무엇이 담겨있는가가 중요하죠. '면접관님께 활동을 통해 느낀 점을 어떻게 잘 전달할 수 있을까?'가 고민의 주가 되어야 할 것 같아요! 자기소개서를 쓸 때 조금 서툴러도 괜찮으니 자신이 해왔던 활동들에 자신감을 가지고 차근차근 작성하면 좋은 글이 나올 거에요 :)

 어떤 면을 보이기 위해 노력하셨나요? 학생부에서 특별히 부각된
내용은 어떤 것이 있을까요?

가장 부각하려고 노력했던 것은 전공에 관한 관심과 적합성이라고 정리할 수 있을 것 같아요. 사실 아직도 제가 컴퓨터를 갖고 미래에 어떤 일을 해야 하는지 잘 모르겠어요. 컴퓨터는 어떤 분야든지 결합할 수 있는 특성이 있다고 생각해요. 이러한 특성을 보이면서 관심 분야와 컴퓨터를 최대한 많이 엮어보려고 했었습니다. 이렇게 채운 생활기록부 세부능력 특기사항을 통해 전공에 관심이 많다는 것을 어필할 수 있었어요.

제가 가지고 있는 가장 큰 재능은 노력과 끈기라고 생각을 합니다. 모든 부분에서 필요한 자질이지만 특히 컴퓨터 분야에 가장 필요로 한다고 생각해요. 다행히 꾸준히 오른 내신 성적이 제 노력을 가장 정확히 증명해주는 지표가 된 것 같습니다!

 면접에서 받은 질문은 어떤 게 있었나요? 면접을 잘하기 위해 어떻게 노력하셨는지 알고 싶습니다.

면접에 갔을 때마다 항상 받았던 질문은 의외로 (혹은 당연히) '성적을 어떻게 그렇게 많이 올렸냐' 였어요. 아무래도 성적 상승이 가장 눈에 띄는 특징이자 장점이었기 때문에 다들 물어보셨던 것 같아요. 다른 질문은 거의 다 자기소개서를 기반으로, 어떤 활동을 한 거였는지 구체적으로 물어보는 거였어요. 답변으로 활동 내용을 설명하고 그때 경험했던 것들, 느꼈던 것 위주로 말하려고 노력했었어요.

일부 대학의 면접관님은 생활기록부의 중요한 사항 위주로 질문을 하신다는 인상을 받았어요. 그래서 면접 준비 시간이 많이 남았을 시점에는 생활기록부 내용 전체를 숙지했습니다. 나에게 장점이 될 만한 것을 중심으로 예상 질문의 답변을 생각했습니다.

면접에서는 진술하게 대답하는 것이 가장 중요하다고 생각해요. 앞에서 저는 지금도 뭘 해야 하는지 잘 모르겠다고 했었잖아요? 실제 "컴퓨터를 통해서 나중에 어떤 일들을 하고 싶은가요?"라고 질문하셨는데 솔직하게 "사실 정확히는 잘 모르겠습니다. 그렇지만 고등학교 때와 같이 대학을 다니며 여러 가지 활동을 하면서 좀 더 뚜렷한 목표를 찾고 싶습니다. 최대한 많이 경험할 수 있도록 노력을 할 것입니다."라고 대답했었어요. 억지로 포장하려고 하지 말고 있는 그대로의 내 모습을 진술하게 보여드리는 게 좋지 않은가 생각해요!

면접 직전에 솔직히 엄청 떨었어요. 그 떨림을 극복한 열쇠는 '내가 학교에서 했던 활동에 대해 자신감을 가지는 것'이었어요. 그동안 정말 열심히 해왔고 내가 좋아하는 일들이었기 때문에 교수님들께 당당하게 보여주자는 생각을 많이 했었어요.

이제 대학 1학년을 보냈습니다. 수업을 들으면서 '고등학교 때 이걸 열심히 할 걸' 하는 아쉬움이 있으신가요?

온라인 수업만 계속되어 아쉬움이 많습니다. 그러나 '오래 앉아있는 것을 미리 훈련해놓아서 다행이다. 나만의 공부 비법을 어느 정도 찾아서 다행이다.'라고 생각하고 있습니다. 대학에서의 공부는 고등학교 때보다 자기 주도적인 자세와 개척 정신이 훨씬 많이 필요한 것 같습니다. 고등학교 때 스스로 무언가를 하는 힘을 기르는 것이 대학교 생활에서의 원동력이 되지 않을까 생각해요.

궁극적으로 컴퓨터를 전공해서 이루고 싶은 꿈이 있으신가요?

아직은 컴퓨터를 통해서 무엇을 해야 하는지 정말 모르겠고, 내가 어떤 분야에 진정한 관심이 있는지도 잘 모르겠지만, 제 마음속에 담고 있는 궁극적인 목표는 여러 사람을 도울 수 있는 프로그램을 개발하는 것입니다! 제가 진정으로 도움이 필요한 사람들을 찾고 어떻게 도와야 할지 생각해내려면 일단 먼저 많은 것들을 보고 듣고 경험해보아야 할 것 같아요. 그래서 대학을 다니는 동안 할 수 있는 최대한 많은 활동들을 하면서 시각을 넓힐 예정이에요!(이였어요..ㅠ)

중고등학생, 혹은 대학생 중 코딩 새내기들을 위해 '이건 꼭 기억했으면 해'라고 하는 부분이 있다면 이야기해주세요.

다들 경험의 가치를 잊지 않으셨으면 좋겠고, 실패를 두려워하지 않았으면 좋겠어요. 제가 이번 1학년 2학기를 지나면서 프로그래밍의 벽에 많이 부딪혔었는데, 이때마다 생각되었던 것은 내가 이런 간단한 프로그램도 못 짜는데 미래엔, 당장 3년 후엔 사회에서 요구하는 고차원의 프로그래밍을 할 수 있을까? 취직은 할 수 있을까? 이런 고민의 늪에 계속 빠졌어요.

그런데 차근차근 다시 생각해보니까, 이런 실패하는 경험이 하나하나 뭉치고 쌓여서 성장하는 것이 프로그래머인 것 같아요. 처음부터 무언가를 실수 없이 완벽하게 잘 해내는 사람은 절대 없어요. 지금 당장 눈앞에 보이는 결과물보다는 그 속에서 배운 가치들이 더욱 빛난다고 생각해요. 실패해도 괜찮으니까 두려워하지 말고, 그것을 이겨내서 다시 일어나는 힘을 기르는 게 더 중요한 것이죠!

인생은 '가치를 찾아다니는 여정'이라고 생각해요. 당신의 삶 속에서 가슴을 뛰게 만드는 무언가를 꼭 찾아낼 수 있기를 바랍니다!

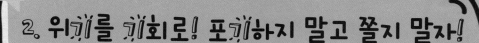

2. 위기를 기회로! 포기하지 말고 쫄지 말자!

포스텍(포항공과대학교) 20학번 윤효정

코딩 및 SW에 관심을 가지게 된 동기는 무엇인가요?

정말 사소하고 우연한 동기로 시작을 하게 되었습니다. 1학년 1학기 때 잠시 기숙사 생활을 하던 중 같은 방을 쓰는 4명의 친구 중에서 2명이 모두 파이썬 방과후 수업을 듣는다고 했어요. 그런데 저만 방에 혼자 있기 싫었거든요. 그게 저의 코딩에 입문한 우연한 계기가 되었죠.

파이썬 수업을 들으면서 지금까지 배워왔던 과학이나 수학과는 다르게 직접 다른 누군가와 상호작용할 수 있는 것이 너무 좋았어요. 내 손으로 결과물을 쉽게 만들어 낼 수 있다는 것이 정말 매력적이었습니다. 그 이후 C언어도 배우고 학교에서 하는 코딩 경시대회에서 좋은 결과를 얻으면서 컴퓨터공학 쪽의 길을 가도 괜찮다는 생각이 들었습니다.

1학년 때 다녀왔던 포스텍 컴퓨팅 사고력 캠프는 무엇인가요?

전국의 여러 고등학교 학생이 모여서 다 같이 해커톤을 진행하는 형식입니다. 해커톤 주제는 컴퓨터공학과 학생이 직접 기획하고, 멘토의 역할을 하며, 해커톤 과정에서 많은 도움을 줍니다. 전국에서 코딩을 좋아하는 학생들이 많이 모이는 캠프이기 때문에 SW 분야에 종사하게 될 미래의 많은 개발자를 만날 좋은 기회였어요. 다른 학교의 학생들은 어떤 활동을 하고 있고, 코딩을 얼마나 잘하는지 직접 보는 좋은 기회이기도 합니다. 그 행사 중간에 포스텍 컴퓨터공학과 교수님의 강연을 들을 수 있다는 엄청난 기회도 포함되어 있어요. 또한 학교의 여러 곳을 누비며 포스텍 대학 생활을 맛보기로 미리 경험할 수 있습니다.

고등학교 재학 동안 학종을 준비하는 데 위기의 순간은 없으셨나요? 이를 어떻게 극복하셨나요?

성적이 떨어졌을 때가 가장 위기의 순간이었습니다. 일단 성적이 낮으면 제가 아무리 포스텍에 가고 싶다고 해도 받아주지 않을 것이 뻔했으니까요. 성적이 대폭 하락한 후 본질을 찾는 공부를 시작하면서 성적을 올릴 수 있었어요. 말이 좀 어려운데 수학 문제를 예로 들어볼게요. 눈앞에 있는 수학 문제는 무엇을 물어보고자 만든 문제인지, 이 문제에서 얻을 수 있는 것은 무엇인지를 찾으면서 공부했어요. 그렇게 얻게 된 것들을 다른 문제에 직접 적용을 해보는 것입니다.

이러한 '본질'을 찾는 공부를 전 과목에 도입하면, 처음에는 솔직히 시간이 걸리지만, 지나면 지날수록 더 효율적인 공부를 할 수 있었습니다. 물론 각자의 공부 방식이 있으므로, 공부 방식에 대해서는 본인에게 가장 효율적이었던 방식을 채택하는 것이 옳겠죠?

 자기소개서를 쓰는게 상당히 어렵다고 학생들이 이야기 합니다. / 어떤 면을 부각시키기 위해 노력하셨나요? 생기부에서 이 부분이 부각된 내용은 어떤 게 있을까요?

여름방학부터 쓰기 시작해서 내기 직전까지 자기소개서를 정말 많이 수정했고 엄청난 피드백과 지도를 받아야 했습니다. (제출 한 시간 전에 1번을 전체 수정했다면 믿으시려나요?) 제 학생부의 중요한 키워드인 '데이터'를 부각하고자 노력했습니다.

'데이터'로 무엇을 깨닫게 되었고, 무엇을 변화시켰고 변화시키고자 하는지를 분명하게 전달할 수 있는 방향으로 작성했어요. 3학년 때 확률과 통계 과목의 세부능력 특기사항, 방과 후 수업으로 진행했던 연구참여 수업, 2학년 개인 연구 활동 등이 있을 것 같습니다.

면접에서 받은 질문들을 어떤 게 있었나요?

반장을 많이 한 것, 지구과학을 잘한 것, 고등학교 3학년 때 성적이 오른 것 등에 대해서 그 비결이 무엇인지에 대해 질문하셨습니다. 제가 생각하는 데이터란 무엇인지를 물어보셨습니다. 그리고 포스텍이 저에게 있어서 학문적으로 어떤 의미인지를 물어보셨습니다.

이제 1학년을 보냈습니다. 수업을 들으면서 '고등학교 때 이걸 열심히 해놓을걸' 하는 아쉬움이 있으신가요?

영어입니다. 하지만 공부하는 모든 수업의 책이 영어로 작성되어 있습니다. 물론 우리에겐 파파고가 있으나, 아마 여러분의 졸업을 위해서도, 나중에 전공 공부를 위해서도 영어는 필수입니다. 영어 실력이 좋으면, 앞으로의 인생 자체가 편합니다. 물론 물리나 화학 같은 기초과목을 많이 배워놓아도 편하기는 하네요.

중고등학생, 혹은 대학생 중 코딩 새내기들을 위해 '이건 꼭 기억했으면 해'라는 부분이 있다면 이야기해주세요.

자신감이 중요하다고 생각해요. '나는 이제서야 처음 배우는데 저 친구는 벌써 저만큼 잘하네.'라고 생각하면서 주눅 들지 않았으면 좋겠습니다. 코딩 실력을 늘리는 확실한 방법은 직접 부딪혀 보는 것입니다. 본인이 만들고 싶은 게임(길 건너 친구들, 삼목게임 등)을 그냥 처음부터 직접 만들어 보세요. 게임을 완성하고 나면, 실력이 향상될 겁니다.

3. 수학도에서 사이버보안 전공으로의 Transform

이화여자대학교 소프트웨어학부 사이버보안전공 주송아

코딩 및 SW에 관심을 가지게 된 동기는 무엇인가요?

처음에는 호기심이었어요. 1학년 방과 후 수업에서 코딩을 'Python'이라는 프로그램을 처음으로 접하게 되었습니다. 모든 매체가 4차 산업혁명, 코딩, 그리고 컴퓨팅적 사고 'CT'를 강조했기에 비교적 부담이 적은 방과 후 수업으로 코딩을 접해보고 싶었어요. 그리고 알아 두면 도움이 될 것이라는 생각이 들었습니다.

'Python'은 초보자가 다루기 쉬운 프로그램이라지만 처음 배울 때 헤매고 버벅거렸어요. 늘 뇌에 버퍼링이 걸린다는 느낌이었으니까요. 그렇지만 디버깅을 했을 때의 그 짜릿함이 마치 어려운 수학 문제를 풀었을 때와 비슷한 희열을 많이 느낄 수 있죠. 그 희열 때문에 이렇게 전공까지 하게 된 것 같습니다.

수학 과학 특기자 전형으로 합격을 했는데, 이 전형으로 지원한 이유가 있으셨나요?

제 상황에서 가장 유리했던 전형이었기 때문입니다. 영어 과목처럼 외우는 것보다는 수학이나 과학처럼 풀이 방식을 이해해서 문제에 접근하는 과목을 더 좋아했습니다. (사실 외우는 걸 정말 못했던 것도 있습니다.) 수학 과학 성적이 다른 성적보다는 잘 나오는 편이었습니다.

또한, 제 생기부는 어느 누가 보더라도 진로가 명확하게 보였어요. 컴퓨터공학전공, 사이버보안전공에 특화된 생기부라고 할까요? 입시에서 전체적으로 평가를 하는 학생부 종합전형보다 수학, 과학 성적을 중점적으로 보고 SW 관련 활동을 더 부각하는데 유리한 특기자 전형을 고려하는 게 좋겠다고 생각했고 지도하셨던 선생님도 같은 생각이셨어요. 그래서 학생부 종합전형과 함께 준비하게 되었습니다.

서류는 어떤 것들을 준비했나요? 교내 및 외부 수상 실적 부분을 어떻게 채우셨나요?

저는 그리 능동적인 학생이 아니어서 외부 활동을 발굴해 참가한 경우는 거의 없었어요. 이 때문에 객관적으로 평가하자면 다른 특기자 학생들보다 외부에서 진행한 활동이 많지 않습니다. 그러나 기회가 주어지면 최선을 다해 어떻게 해서든 그 결과를 내고 성과를 거두는 성격이에요. 학교에서 안내하는 활동이나 주위 선생님께서 추천해주신 활동 중 제 진로와 관련된 것에는 모두 다 참여하려고 노력했습니다. 대학에서 주관하는 SW관련 캠프에도 참여했고, 교내 SW관련 활동에 대부분 참여하려고 했습니다.

자기소개서를 쓰는 게 상당히 어렵다고 학생들이 이야기합니다. 주송아님의 자기소개서 작성기를 들려주세요.

먼저 자기소개서를 쓸 때 가장 중점을 두었던 것은 제 3자가 읽을 때 활동이나 경험들이 눈에 잘 보이도록 하는 것이었어요. 그래서 먼저 생활기록부에 기재된 내용 중에 3년 동안의 전공과 관련된 유의미한 활동을 나열해보았습니다. 그리고 문항별로 그 활동들을 배치했고, 활동의 동기, 느낀 점, 배운 점, 항목 간의 연결 등을 추가했습니다. 항목 간의 연결이란 어떤 활동으로 배운 점을 심화하여 다른 활동에 적용하는 것입니다. 이런 내용은 활동 그 자체에서 자기주도성과 탐구활동을 보여줄 뿐만 아니라 그 탐구가 연속적이고 심화되는 것을 강조할 수 있는 부분이라고 생각합니다.

특히 활동들이 연결되면서 점점 깊어지는 느낌을 중요하게 보았습니다. 먼저 진로 희망은 '프로그래머 → 보안전문가 → IoT보안전문가'로 학년이 올라갈수록 구체적으로 폭을 좁혀갔습니다. 활동 부분도 그렇게 더 구체적으로 전문화되도록 노력했어요. 1학년 때 프로그래밍 언어를 배우고 더 응용하여 2학년에는 아두이노를 통해 IoT 기기를 다루고 이를 확장하여 3학년에는 데이터를 분석하는 것까지 심화시켰던 경험을 서술했습니다. 이런 경험을 배운 점과 느낀 점이 최대한 드러나도록 서술하려고 노력했습니다.

이후 매끄러운 글로 다듬으려고 노력했어요. 지도하셨던 선생님께서 자기소개서의 내용의 전문성이나 유의미한 활동의 표현이 잘 되었는지 점검해 주셨고, 부모님께서 제 3자의 입장에서 글이 매끄러운지 살펴봐 주셨습니다.

> 면접에서 받은 질문들은 어떤 게 있었나요? 면접을 잘하기 위해 어떻게 노력하셨는지 알고 싶습니다.

일단 면접 질문부터 말씀드리자면, 처음으로 받은 질문은 '지원동기가 무엇이냐'였습니다. 이 질문에 코딩을 접한 후 진로를 개척하며 진행한 활동, 왜 이화여대가 제 진로를 위한 최고의 선택지였는지에 대해 답변했습니다.

6개 정도의 질문을 받았는데 처음의 4개는 특기자 서류에 기록되어 있는 활동들에 대한 질문(연세대학교 캠프, 고려대학교 캠프, 컴퓨터대회 수상, 암호론을 주제로 한 세미나 발표)에 대해 질문을 받았고, 그 후 나머지 2개는 앞서 대답한 질문들에 대한 추가 질문이었습니다. 면접에서 받은 모든 질문은 특기자 서류를 기반으로 하는 질문이었고, 이 질문들은 서류에 기술한 활동들을 본인이 진행했다면 모두 다 답변할 수 있는 간단한 질문들이었습니다. 그러나 이런 질문들은 답변자가 그 개념을 얼마나 심도 있게 파악하고 있고, 얼마나 많이 공부했는지를 모두 알 수 있는 질문이었습니다.

먼저, 자기소개서와 서류에 있는 모든 내용을 숙지하려고 노력했어요. 가장 기본이기 때문에 가장 놓치지 않아야 할 부분입니다. 은근 이 부분이 소홀한 친구들이 많다고 선생님이 귀띔해 주셨습니다.

두 번째, 예상 문항에 대한 키워드를 정리한 후 이를 중심으로 답변을 생각했어요. 어떤 친구들은 대본을 쓰면서 모범답안을 준비하기도 했는데 저는 그러지 않았어요. 외우는 것을 잘하는 편이 아니었고, 만약 토씨 하나까지 다 외우려고 들었다면 저는 분명 실수할 때 몹시

당황할 것이 뻔했거든요. 같은 질문에 대해서 머릿속으로 끊임없이 되새기면서 키워드 중심으로 생각하려고 노력했어요. 저의 뛰어난 순발력(!)도 이 전략에 잘 맞기도 했어요.

세 번째, 면접 전까지 계속해서 유튜브를 통해 관련 영상을 찾아보았습니다. 면접은 자신이 공부한 바를 '말로 표현'해야 하잖아요. 이 때문에 답변의 내용에 담기는 용어뿐만 아니라 무의식적으로 나오는 표현까지도 신경을 써야 한다고 생각했습니다. 이 때문에 표현하는 모든 단어나 어휘들을 컴퓨터공학과 사이버보안 관련 유튜브를 보면서 익숙해지려고 노력했습니다.

마지막으로 모의 면접에 적극적으로 참여했어요. 학교에서 모의 면접을 진행해주셨는데 처음 참가 후 '아, 내가 이 질문에서는 전문성이 떨어지는구나.'라는 생각이 들었습니다. 또한 선생님의 피드백을 받으면서 몰랐던 습관, 효과적인 답변 방법 등을 배울 수 있었어요. 적절한 긴장감을 미리 느낄 수 있다는 것도 좋은 경험이었습니다. 실제로 실제 면접 때 느꼈던 긴장감과 모의면접 때 느꼈던 긴장은 비슷했던 것 같습니다.

 이제 1학년을 보냈습니다. 수업을 들으면서 '고등학교 때 이걸 열심히 할 걸 그랬구나' 하는 아쉬움이 있을까요?

대학에 와서 느낀 점은 '아 고등학교 때에 내가 했던 활동은 정말 기본적인 것이었구나.' 였습니다. 주변에 여러 활동들을 주도적으로 경험한 친구들을 보면서 우물 안 개구리가 된 느낌이 들곤 했습니다.

물론 고등학생은 학업 때문에 외부활동에 참여하거나 찾아볼 여유가 없을 수 있어요. 그러나 요즘은 검색 몇 번이면 충분히 많은 외부활동을 찾아볼 수 있거든요. 생각보다 고등학생들을 위한 코딩대회나 경진대회가 굉장하고, 그 대회들을 통해 특기자 서류에 기록할 실적을 많이 쌓을 수 있죠. 만약 고등학교 때로 돌아간다면 여러 외부 활동에 좀 더 참여해보고 싶습니다.

중고등학생, 혹은 대학생 중 코딩 새내기들을 위해 '이건 꼭 기억했으면 해'라고 하는 부분이 있다면 이야기해주세요.

"이 세상에서 가장 좋은 코딩 교과서는 구글이다…"

"이 세상에 구글링을 해서 안 나오는 정보는 없다."

(써놓고 보니 구글 홍보 대사 같은 문구네요. 정말 진심입니다!)

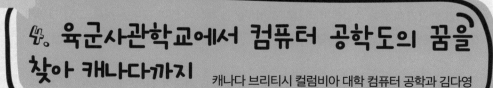

4. 육군사관학교에서 컴퓨터 공학도의 꿈을 찾아 캐나다까지

캐나다 브리티시 컬럼비아 대학 컴퓨터 공학과 김다영

육군사관학교에 우선 선발로 합격을 했어요. 그런데 진로를 갑자기 바꾸게 된 계기는 이유는 무엇인가요?

중학교 2학년 때 군인의 꿈을 가지게 되었고 고등학생 때 육군사관학교 진학을 목표로 공부를 했었어요. 운동을 너무 좋아하는데 공부 또한 포기하고 싶지 않았거든요. 이 때문에 진로를 '군인', '경찰' 쪽으로 결정하기 시작했어요. 운 좋게도 육군사관학교에 우선 선발로 합격을 했고 그렇게 육사 생도의 생활을 시작하게 되었습니다.

저는 "사회에 긍정적인 영향력을 행사할 수 있는 사람이 되자."라는 꿈을 가지고 있었어요. 육군사관학교의 빡빡한 학업, 군사훈련은 매우 힘들었지만, 스스로 성장해 나가는 과정이라는 생각으로 즐겁게 해나가고 있었습니다. 그러나 창의력이 제한되는 일방적인 교육과 자유롭지 못한 의사소통의 환경 속에서 '이것이 과연 내가 원하던 교육 환경인지'에 대한 고민이 많이 생겼어요. 결국 제가 원하는 미래 모습과 그것을 위한 우선순위가 무엇인지 고심한 결과, 제 20대는 조금 다르게 만들어 보자는 결론으로 자퇴를 결심했어요. 결국 제가 중요하게 여겼던 건 직업이 아니었습니다. 육군 사관학교 안에서 제 꿈을 위한 공간과 만들어질 미래의 모습이 아쉽게도 보이지 않았기 때문입니다.

육군사관학교를 그만 둔 이후 현재 꿈을 발견하기까지의 이야기를 좀 들려주세요. SW, 컴퓨터과학에 진로를 꿈꾸게 된 동기는 무엇인가요?

하루라도 어릴 때 시야를 넓히고 더 많은 경험을 하고 싶었기 때문에 육사 자퇴 후 준비도 없이 바로 유학을 결정했어요. 일단 친오빠가 사는 미국 텍사스로 가게 되었어요. 처음에는 동물을 좋아해서 수의사가 되고 싶다는 생각으로 생명과학을 공부했습니다. 영어라고는 수능 준비만 했었기 때문에 수업을 따라가려고 하루종일 책상에 앉아 공부만 하고, 그냥 그렇게 아등바등 1년 반을 보낸 것 같아요.

 편입 준비할 시기가 다가왔을 때 현실적으로 미국에서 외국인 신분으로 수의대를 가기는 거의 불가능에 가까웠어요. 그러다가 캐나다는 외국인 학생들에게도 차별이 없고 기회도 상대적으로 더 많다는 것을 우연히 알게 되었습니다. 그렇게 캐나다 벤쿠버에 있는 브리티시 컬럼비아 대학(The University of British Columbia)에 지원을 했고 합격하게 되었어요.

 그런데 이때 전공이 또 바뀌었답니다. 생명과학을 공부할 때 좋은 기회를 얻어서 '두뇌 컴퓨터 인터페이스[38] (Brain-Computer Interface)'에 관한 개인 학술 연구와 발표를 하게 한 적이 있었습니다. 이 때 같은 지식이라도 조금 더 실용적인 기술을 배우고 싶다고 생각해서 생명공학을 생각하고 공대에 지원했어요.

 처음 1년 동안 들어야 하는 공통과목 중에 컴퓨터 과목이 하나 있었어요. C언어로 기본 프로그래밍과 DAQ을 배우게 되었는데 난생 처음 코딩을 접하게 된 계기였어요. (순간 '이런 과목도 다 있나?' 하면서 머리가 띵~ 했어요.) 일단 너무 재밌더라고요. 적절한 토론과 수업을 병행하신 교수님의 수업 방식이 너무 좋았던 것도 한 몫 하기도 했지만, 답이 정해져 있지 않고 내 아이디어로 문제를 해결할 수 있다는 점이 굉장히 매력적이었어요. 심지어 컴퓨터는 분야 제한 없이 자신이 관심 있는 분야에 관련된 기술 발전에 기여할 수 있잖아요. 예를 들어, 의료 분야에 종사해서 의료기기를 만들 수도 있고 교육에 힘쓰고 싶다면 교육 플랫폼을 개발할 수도 있고요. 아무튼 이런 긴 여정을 통해서 전공을 컴퓨터공학으로 정하게 되었답니다.

---

38) 뇌 컴퓨터 인터페이스(BCI: Brain Computer Interface)는 생각만으로 기계를 마음대로 조작할 수 있도록 하는 기술임. BCI를 통해 기계를 움직이기 위해서는 두피나 뇌에 직접 생체 신호를 감지할 수 있는 기기를 부착하고, 뇌에서 발생하는 신경생리신호를 컴퓨터로 전달함. 컴퓨터는 뉴로 디코딩 알고리즘(뇌에서 발생한 생체신호를 분석해 사용자의 의도를 파악하고, 이를 기계에 명령을 내릴 수 있는 언어로 풀어내는 것)을 통해 기계에 명령을 내리고, 기계는 이에 따라 사용자의 명령을 수행함.

현재 브리티시 컬럼비아 대학교의 교육과정은 어떤 특징이 있나요?

학교 수업의 가장 큰 특징은 한 수업에 강의, 실험, 토론 수업이 다 있다는 것을 들 수 있습니다. 강의를 들으면 그걸 응용해서 프로젝트를 또 따로 해요. 컴퓨터 언어에 대한 수업은 1학년 때 듣는 C가 처음이자 마지막이고, 2학년 때는 주로 Java, C++ 그리고 하드웨어 언어 Verilog, ARM Assembly를 사용합니다. 그런데 아무도 알려주지 않아서 혼자 공부해야 해요.

그리고 매 학년에 디자인 수업이 있습니다. 큰 프로젝트를 3-4개씩 진행하는 수업이에요. 주제는 자유로운 편이고 사용하는 장비 및 언어도 제한이 없어요. 저의 팀의 경우 색깔을 인식해서 따라다니는 강아지 로봇을 만들기도 했고, 학생 시간 관리해 주는 웹 어플도 만들었어요. 이렇게 2학년 때 거의 컴퓨터에 관한 모든 걸 배워요. 이때 아침 8시부터 저녁 8시까지 쉬는 시간 없이 수업 듣고 밤에는 도서관이나 실험실에서 밤샜던 기억밖에 없어요. 집에는 잠깐 샤워하러 갔다 오는 정도이고 많이 힘들었어요.

3학년부터는 거의 프로젝트 중심으로 운영됩니다. FPGA 보드를 이용해서 심화된 하드웨어를 디자인한다거나 자기만의 OS 운영체제를 만들기도 해요. 2학년 때와 마찬가지로 디자인 수업을 들으면서 더 큰 프로젝트를 진행합니다. 4 학년 때에는 졸업 프로젝트인 Capstone Project를 중심으로 진행되고 자신이 관심 있는 분야를 골라서 들을 수 있어요. 사이버 보안(Cyber Security), HCI [39](Human Computer Interface) 등 흥미로운 과목이 아주 많아요.

마지막으로 코업(Co-op) 프로그램이 있어요. 4-5학기는 회사에서 일하는 거예요. 한 번에 몰아서 하는 것이 아니라 2학년 여름방학 1학기(저희는 여름방학이 4달이에요. 또 다른 학기죠.) 3학년 여름방학 1학기, 그리고 3학년 끝내고, 3학기 쭉 일하고 다시 학교로 돌아와서 4학년 수업을 이어서 듣는 거죠. 그냥 예를 든 거고 사실 모두 다른 스케줄을 가지고 있어요. 일을 구하기 위해서 취업준비생처럼 똑같이 이력서, 자기소개서 및 포트폴리오를 준비하고 면접을 봐야 해요. 캐나다나 미국에서는 컴퓨터 직종은 성적도 중요하지만, 특히 개인이 어떤 프로젝트를 했는지에 집중해요. 그리고 면접은 면접관들 앞에서 화이트보드에 문제를 푼다거나 하는 코딩 문제 위주로 진행이 되고요. 학생 때부터 이런 경험을 하게 되니까 사실 너무 좋죠. 이력서 관리도 벌써 되고 면접에 익숙해지고 회사에서의 경험도 생기니까요.

---

39) HCI(Human Computer Interaction)은 말 그대로 인간과 컴퓨터 사이의 상호작용을 연구하는 학문이며, 최종 목표는 사용자에게 최적의 경험을 제공하는 것임. HCI 1.0 때는 한명의 사용자와 한 대의 컴퓨터 시스템 간의 상호작용을 연구하는 것이었다면, HCI 2.0 부터는 그 연구 범위가 모든 시스템과 모든 사용자 간의 상호작용으로 넓어지게 됨.

나중에 이루고자 하는 궁극적인 꿈이 있으신가요?

사실 구체적인 꿈은 없어요. 예전에는 '나는 꿈이 없어. 내가 진짜 좋아하고 하고 싶은 일이 뭐지?' 하는 생각과 조급함에 자꾸 정답을 찾으려고 했는데 이제는 그냥 흐름에 맡기는 편이에요. 자신이 하고 싶은 일을 환경과 여건이 허락하고 심지어 적성에도 맞아서 단 한 번에 찾아버리는 케이스는 거의 없다고 보거든요.

오히려 저는 20대 초반에 엄청난 방황을 하면서 덕분에 제가 어떤 사람인지 더 잘 알게 되었고, 저에게 던져지는 다양한 상황들을 통해서 나도 몰랐던 내 인생의 우선순위를 깨닫게 되었어요. 그랬기 때문에 컴퓨터공학이라는 진로가 나에게 맞는 걸 알게 되었고요. 저는 아직도 그 과정을 계속하고 있다고 생각해요. 현재 컴퓨터의 소프트웨어와 하드웨어, 두가지 측면 모두에 관심이 있어 임베디드 시스템 개발자로서 custom printed circuit board(주문 인쇄 회로 기판. 필요에 따라 별도로 회로 기판을 주문 제작한 것을 의미)의 운영 체제(OS)를 개발하는 일을 하고 있어요. 수많은 보드와 센서를 접하면서 이것저것 많이 배우는 중인데, 나중에 지식의 폭이 더 넓어지면 이 직종 속에서도 어떤 분야에 관심이 가는지 알게 되지 않을까요?

한 가지 하고 싶은 일을 말하자면, 저는 향수를 굉장히 좋아해서 나중에 컴퓨터 기술을 이용해 만든 향수를 개발하고 싶어요. 제가 현재 진행하고 있는 개인 프로젝트 중 하나가 냄새를 구분하는 로봇이거든요. 현재 특정 분자나 악취를 탐지하는 로봇은 존재하지만, 향을 세세하게 구분하는 기술은 없어요. 우선 냄새라는 게 객관적인 기준을 가지고 분류하기가 힘들어서 디지털화가 어렵거든요. 그래서 만약에 후각을 디지털화하면 다양한 냄새 탐지는 물론, 우리가 원하는 냄새를 생성하는 기술 또한 만들어질 가능성이 있다고 봐요. 현재 IBM이라는 회사가 비슷한 주제로 연구를 진행하고 있다고는 들었는데 아직은 시작이라고 해요. 그래서 저는 기회가 된다면 이런 분야에서 개발직으로 일을 해보고 싶어요.

한국의 많은 학생이 자신의 진짜 꿈을 찾기 힘들어하고 어려워하고 있습니다. 혹은 '늦으면 안 돼'라고 하는 조급함도 있을 수 있는데, 인생의 선배로서 조언 부탁드립니다.

저는 학생들에게 '고등학교를 졸업한 순간부터 꿈을 찾는 시작이고 모두가 다 다른 페이스를 가지고 있다'라고 말해주고 싶어요. 예전에는 대학을 들어가면 꿈을 이루는 과정이 시작되는 줄 알았어요. 그런데 생각해보면 제대로 해본 거라곤 입시 준비 밖에 없는데 그 꿈이 자신의 진짜 꿈인지 어떻게 알겠어요? 그래서 (성인이 된 후라도) 모든 경험을 '꿈을 찾는 시도'라고 생각했으면 좋겠어요.

그리고 모두가 다 다른 속도로 달리고 있음을 기억했으면 좋겠습니다. 제 친구들은 벌써 직장인이 되었는데 저는 아직 대학 졸업이 2-3년 남았거든요. 그렇지만 저는 다양한 일을 경험했던 시간이 굉장히 가치 있었다고 생각해요. 이 시간을 통해 자신에 대해 너무 잘 알게 되었으니까요. 어떤 환경이 나를 행복하게 만드는지도 잘 알게 되었고 많이 고민도 했기 때문에 이제는 진로 결정에 대한 두려움도 거의 없어요.

마지막으로 '자기 자신의 편이 되어주자'에요. 꿈을 찾는 과정은 굉장히 불안정하고 외로울 수 있어요. 그래서 주변 사람들을 챙겨주는 만큼 자기 자신도 소중히 여겼으면 좋겠어요. 본인을 채찍질하는 것이 도움이 될 때도 있지만 그보다는 슬플 때 자책보다는 스스로 위로해주고, 힘들 때 푹 쉬어주고, 잘했을 때는 스스로 만족해하고 칭찬해주세요. 스스로 잘하는 게 있다면 무조건 겸손보다 당당하게 자랑하는 것도 도움이 많이 되더라고요. (물론 거만해지라는 건 아닙니다.) 안 그래도 스트레스받는 일 많은데 자기 자신까지 스스로 아프게 한다면 그건 너무 슬픈 일이잖아요?

중고등학생, 혹은 대학생 중 코딩 새내기들을 위해 '이건 꼭 기억했으면 해'라고 하는 부분이 있다면 이야기해주세요.

코딩의 기초는 사실 무슨 언어로 시작을 하든 비슷하다고 생각을 해요. 그래서 처음 할 때는 이것저것 여러 개를 하는 것보다는 하나를 깊게 공부하는 것이 배우는 게 더 많은 것 같습니다.

코딩을 배웠다면 다음으로 자신의 관심사를 찾는 시도를 하는 것이 가장 중요하다고 생각해요. 저도 처음 컴퓨터 분야에서 공부를 시작할 때 남들이 주로 관심 가지고 있는 부분을 해야겠다고 생각했어요. 예를 들면, 소프트웨어 쪽으로는 모바일이나 웹 어플 그리고 하드웨어 쪽으로는 자동차가 있죠. 물론 무언가는 할 수 있어요. 그런데 재미가 없더라고요. 그리고 제가 관심을 가지던 향수에 관한 프로젝트를 시작했는데 정말 달랐어요. 쏟는 에너지도 달라지고 스스로 배우려는 의지도 많아지면서 자연스럽게 '이런 걸 배워서 여기에 적용해볼까?' 혹은 '다음에는 이렇게 변형을 해서 다른 프로젝트를 해볼까?' 하는 흥미가 더 많이 생겼어요. 그리고 이런 프로젝트가 포트폴리오나 면접에도 굉장히 도움이 된다는 점도 꿀팁이죠. 코딩으로 할 수 있는 건 무궁무진하고 자기가 관심을 가질수록 배우는 것도 많아진다는 걸 꼭 기억했으면 좋겠어요.

5. 문과 출신으로 AI 전공, 모두의 SW를 느끼다

성균관대학교 인공지능융합전공 안예림

고3 때 코딩에 관심을 가지게 된 동기는 무엇이었나요?

고3 초반까지만 해도 코딩에 ㅋ자도 모르는 상황이었고, 수시로 대학을 갈 예정이라 내신 공부를 하는 것만으로도 바빴어요. 그러다가 1학기 기말고사가 끝나고 어느 대학교, 어느 학과를 지원할지 고민해야 하는 시기가 되었는데, 여러 분야에 관심이 많아 학생부종합전형임에도 가고 싶은 과를 정하지 못하는 상황이었어요. 그러다가 이화여대 컴퓨터공학과에서 문과생을 위한 입학 정원이 있다는 것을 알고 이대는 이 학과를 지원해야겠다는 마음을 먹었어요. 그런데 제가 지원하려 했던 다른 학과들은 자소서에 쓸 여러 활동이 있는데에 비해, 컴퓨터공학에 관련된 활동은 아예 없었어요. 학교 일정을 보니 2학기 시작하자마자 컴퓨터 경시대회가 있길래 여기서 무조건 상을 받으리라 마음먹고, 여름방학 때 파이썬 방과후 수업을 시작하게 되었어요.

취미로 할 수도 있었을 텐데 진지하게 컴퓨터공학과를 지원한 이유는 무엇인가요?

사실 저는 컴퓨터 공학과 지원이 먼저였고, 그 다음 취미가 된 케이스에요. 방과후 수업에 갔는데 저만 고3이고, 다 고1 아니면 고2였지요. 심지어 방과 후 수업 조교인 학생들이 다 고2여서 제가 질문을 하면 조금 망설여하는 게 느껴졌어요. 근데 저는 대입 코앞에 있는 사람이었기 때문에, 그거와는 상관없이 엄청 열심히 질문을 했던 기억이 납니다. 그냥 무조건 열심히 해서 상을 받아서 대학에 가리라 하는 마음뿐이었어요. 그렇게 집중해서 하다 보니까 재미있고, 지금까지 공부했던 것들 중에 가장 적성에 맞는 것 같아 대학에 지원했습니다.

SW 활동, 코딩활동과 관련하여 자기소개서와 면접에서 어떻게 활용을 하셨나요?

이화여대 컴퓨터 공학과는 문과 입학 정원이 10명이나 되었기 때문에 제가 한 활동은 파이썬 방과 후 수업 수강한 것이랑 컴퓨터 경시대회에서 장려상을 탄 게 전부였지만 충분히 승산이 있다고 생각했어요. 제가 다닌 고등학교에서도 문과인데 코딩에 관심을 가져서 대학까지 지원한 건 저 뿐이었어요. 그래서 자소서를 쓸 때, 활동을 하면서 느낀 점들을 솔직하게 서술하려고 노력했던 것 같아요. 예를 들면, 문과였지만 수학을 가장 좋아했고, 코딩을 배우면서 수학과 코딩이 관련이 깊다는 것을 알게 되었다는 식으로 풀어서 썼어요. 코딩을 배우면서 흥미를 느껴 대학에 가서도 공부하고 싶다는 제 마음을 적기도 했어요.

 문과인데도 컴퓨터공학과에 합격했습니다. 하지만 인문 전공에 등록했어요. 어떤 이유였을까요?

컴퓨터공학과에 장학금을 받고 합격해서 정말 기뻤고, 여기를 다닐 줄 알았어요. 그래서 선생님의 반대에도 불구하고 다른 학교 경영학과도 포기했죠. 그런데 수시 거의 마지막쯤에, 성균관대 글로벌 경제학과에 합격했다는 연락을 받았어요. 남들은 자랑한다고 할지 몰라도 전 그 연락을 받고 너무 힘들었어요. '몇 시간 안에' 제 인생이 걸린 결정을 하려니 부담이 많이 되었거든요. 학교냐 학과냐를 선택해야 하는 문제였는데 문과와 이과도 섞여 있다 보니 더 힘들었던 것 같아요. 그 당시에는 여러가지 선택을 두고 고민을 한 끝에 우선 성균관대로 진학을 하기로 했습니다. 대학에 가서 복수전공을 하면 되겠다는 생각에 글로벌 경제학과로 진학을 결정했습니다. 결과적으로 인공지능융합전공으로 과를 옮겨서 계속 컴퓨터 공부를 할 수 있게 돼서 잘 결정했다고 생각합니다.

 입학 이후에도 SW와 관련한 관심을 이어갔나요?

성균관대에서는 1학년 때 1, 2학기 모두 코딩 기초를 배워서 고3 때 잠깐 배웠던 실력을 실컷

발휘할 기회가 많았습니다. 고등학교 때 배운 범위보다도 더 어려운 것까지 배웠는데, 여전히 재미있더라고요. 그래서 '내가 이 분야를 좋아하는구나'라는 생각을 가지게 되었습니다. 그러다가 결국 관련 전공으로 오게 되었고 정말 만족하며너 공부하고 있습니다. 최근에는 자연어 처리나 컴퓨터 비전같은 인공지능 분야에 관심을 가지고 공부하고 있습니다. 관련 프로젝트도 하고 있어요!

주변에도 안예림님처럼 문과지만 코딩 배운 친구들이 있나요?

대학을 오니 문과임에도 코딩에 관심이 있는 친구들이 꽤 있었어요. 요즘은 특히 대학에 복수전공이 잘 되어있기 때문에 코딩을 배우는 학과를 복전하려는 친구들은 점점 더 많아지는 추세인 것 같아요.

지금 전공하려는 인공지능융합전공이란 전공에 대해서 소개를 해주세요.

성균관대학교에서 2019년에 새로 만든 글로벌융합학부에 소속된 전공입니다. 기본적인 로드맵은 컴퓨터 공학과나 소프트웨어 학과와 동일하고, 학년이 올라갔을 때 인공지능 관련 수업을 배우는 것으로 알고 있습니다. 컴퓨터, 코딩, 수학 등에 대해 배움에도 불구하고 학과 수업이 인문 사회 캠퍼스에서 이루어진다는 것이 큰 특징입니다. (현재는 온라인 수업이지만..!)

고등학생 중에서 '문과인데 코딩 배울 수 있을까요?' / '문과인데 코딩배우면 뭐가 좋아요?'라는 질문들을 많이 합니다. 이에 대한 조언 부탁드립니다.

문과임에도 코딩 잘 할 수 있고, 이과임에도 코딩 못 할 수 있는 거죠. 문제는 문과나 이과가 중요한 것이 아니라 이 분야에 얼마나 관심이 있는지, 그리고 포기하지 않는 마음인 것 같아요. 제가 2년 전 방과후 수업에서 파이썬을 배울 때, 몇 번 해보고 어려워서 포기하는 후배들이 많았습니다. 물론, 그때 저도 어려웠습니다. 그런데 정신 바짝 차리고 이거 안 하면 대학 못 간다는 생각으로 하니 되더라고요. 수업이 끝날 때쯤엔 재미있기까지 했습니다. 지금 생각해보면 그 수업 내용은 기초 중에서 기초이기 때문에 열심히만 한다면 누구나 할 수 있습니다. 처음에는 어렵다고 느껴져도 조금만 더 견뎌보시길 추천해요. 구글에는 답이 있습니다!

졸업 이후 이루고자 하는 궁극적인 꿈이 있으신가요? 그 꿈에서 SW 역량은 어떤 부분에서 도움이 된다고 생각하시는지요?

'검색어를 입력하세요 WWW'의 주인공 배타미처럼 기업에서 중요한 역할을 하는 사람이 되고 싶습니다. 개발 능력이 바탕이 될 때 기획 능력이 더 빛나리라 생각합니다. 이를 위해서, 앞으로 대학원에 진학해 연구해볼 예정입니다.

중고등학생, 혹은 대학생 중 코딩 새내기들을 위해 '이건 꼭 기억했으면 해'라고 하는 부분이 있다면 이야기해주세요.

고3 때, 파이썬 방과 후 수업을 듣지 않았더라면, 컴퓨터 공부를 하지 않았을 수도 있겠다는 생각이 듭니다. 그 당시에는 하기 싫었거든요. 고3 여름방학 때 수능 공부가 아닌 다른 것을 한다는 것 자체가 스트레스였어요. 지금 생각해보면 도전하기로 한 게 정말 잘한 선택이었죠. 이 책을 읽고 계신 독자분도 만약 망설이고 계신다면, 무조건 도전해보시기 바랍니다. 코딩은 여러 분야 중 하나일 뿐이지만, 배우고 익히는 것만으로도 자신의 능력이 되는 특별한 분야라고 생각합니다.

6. 대기업보다 하고 싶은 일을 할 수 있는 카카오로!

카카오 SW 엔지니어 이준석

 왜 국내 대기업을 그만두고 카카오로 오셨나요?

저는 2016년 국내 반도체 관련 회사에서 Flash 메모리 펌웨어 엔지니어로 첫 직장생활을 하였고, 1년 후 카카오로 직장을 옮겼어요. 가장 선호하는 IT 회사 중의 하나였습니다.

이직에는 여러 가지 이유가 있지만 가장 중요한 것을 꼽자면 나의 커리어를 관리하고 싶었기 때문입니다. 현재 회사에 종속된 게 아니라 언제든 내가 원하는 회사로 갈 수 있는 커리어를 만들고 싶었습니다. 대기업에 있는 당시 펌웨어 엔지니어로 일하면서 여기서 배운 기술이 다른 회사로 가기엔 한정적이라는 생각이 들었습니다. 그래서 인터넷 서비스를 주요로 사업을 하는 회사로 이직을 결심했어요. 다행히도 카카오가 절 선택해주었고 저 또한 카카오를 선택하였습니다.

카카오에서 인터넷 서비스 개발을 주 업무로 하면서 많은 기술을 익혔고, 주변의 좋은 동료들로부터 인사이트를 넓힐 수 있었습니다. 그래서 번뜩이는 아이디어가 생각나면 언제든 만들 수 있는 역량을 갖출 수 있었습니다. 대기업에 있을 때는 업무 외적으로 조직 문화가 저에게 맞지 않는 어려움도 있었어요. 이런 스트레스로 계속 여기서 일하다간 스트레스로 병 걸려 번 돈을 모두 병원비로 쓰면 손해겠다는 생각이 들었죠. 심지어 연봉이 낮아지더라도 내가 원하는 업무, 그리고 발전적인 조직 문화가 있는 회사를 가고 싶었습니다.

 대기업에 취업 준비하셨던 것과 카카오로 취업하셨던 것은 어떤 점에서 달랐나요? (일하는 것, 기업 문화, 후생복지 등등)

(카카오의 AI 기술 조직이 2019년 말경 카카오엔터프라이즈라는 사명으로 분사하면서, 현재 저는 카카오엔터프라이즈에서 근무하고 있습니다. 아래의 내용은 카카오와 카카오엔터프라이즈에서의 경험을 바탕으로 한 개인적인 의견으로 카카오엔터프라이즈의 공식적인 의견과는 무관합니다.)

가장 먼저 카카오에서는 회사 내 모든 업무의 내용이 전 직원들에게 공유된다는 점에서 특히 달랐습니다.이전 직장에서는 나에게 주어진 일이 아니라면, 다른 부서는 어떤 프로젝트를 집중해서 진행하고 있는지, 어떤 배경으로 하게 되었는지, 어떤 의사 결정이 있었는지 등을 모두 알 수 없었습니다. 회사 시스템 자체가 자신의 업무 외 정보를 얻는 것을 힘들게 만들어났기 때문이죠. 하지만 카카오에서는 직원들에게 모든 내용이 공유되어 있어서 다른 부서의 프로젝트 현황을 쉽게 알 수 있습니다. 극단적으로 다음 주 업데이트 예정인 카카오톡에는 어떤 기능이 추가될지, 현재 어떤 버그가 있는지 알 수 있습니다. 그러면 이런 공개된 정보로 누군가 악의를 갖고 이용하지 않을까 우려할 수도 있어요. 하지만 직원들은 100:0원칙을 지키기 때문에 내부 자료가 외부로 유출되지 않는다고 생각합니다.

이 원칙은 '내부에는 100만큼 모든 것을 공유하고, 외부에는 0만큼 모든 것을 비공개한다'라는 의미인데 기본적으로 지켜야 할 것 중 하나입니다. 단 1도 예외가 없어요. 100:1도, 99:0도 안 됩니다. 보통 회사들은 잘 지키지 못하는 요소를 원칙으로 내세운다고 하는데, 100:0 원칙은 모든 직원이 신뢰를 깨뜨리지 않도록 잘 지킨다고 확신합니다.

업무를 대하는 분위기도 달랐습니다. 프로젝트 또는 TF 이름을 정할 때 형식에 얽매이지 않고 최대한 자유롭고 흥미롭게 만들려고 노력해요. 예를 들면 대량의 데이터를 빨리 뽑아낼 수 있는 '양수기' 프로젝트가 있고, TF팀 이름으로는 '하드캐리' TF가 있습니다. 보통 다른 회사에서는 이런 식의 네이밍으로 프로젝트나 TF팀을 만든다면 누군가 회사가 장난이냐며 야단맞을 수도 있어요. 그런데 카카오에서는 오히려 너무 보편적이거나 너무 단조로우면 오히려 리더들이 아쉬워합니다. (그래서 신규 프로젝트를 시작할 때 가장 힘든 게 이름 짓기입니다 ㅠㅠ.)

함께 일하는 분들이 자신이 맡은 일에 몰입하여 즐기는 것도 다른 점이에요. 카카오에서는 일하는 자체를 즐기고 몰입하는 분들이 많습니다.(물론 매일매일 즐거움을 느끼진 않습니다 ^^;). 서비스에 장애가 발생하면 '누구 잘못이지? 어느 부서 담당이지?'를 찾는 것이 아니라 동료들 모두 문제 해결을 위해 도움을 주는 상황을 많이 봤습니다.

마지막으로 리더에 대한 제 생각이 달라졌습니다. 나의 조직장을 보면 10년 후 내 모습이 보인다는 말이 있습니다. 이전 직장에 있을 때는 리더를 보면서 '저렇게 되지 말아야지' 매일 다짐하고 있었습니다. 특히 제가 만났던 조직장은 팀 내에서 제일 별로였다고 생각하는데요, SW 기술 지식 부족 가장 컸습니다. 조직장은 조직원 관리가 주요 업무이기 때문에 기술지식이 부족한 건 어쩔 수 없는 거라고 하지만, 전 매일같이 '난 저렇게 되지 말아야지' 다짐을 하였습니다.

하지만 카카오에선 '어떻게 하면 저렇게 될 수 있을까?'라는 생각을 매일같이 하게 되었습니다. 그만큼 모든 조직장의 기술 역량은 이미 높은 수준이었기 때문입니다. 조직장님들은 대학교 때 배우는 리눅스 기초지식부터 최신 트렌드까지 모두 섭렵하고 있었습니다. 그래서 그들과 기술적인 대화를 하기 위해선 매일 같이 공부해야 했죠. 이후 저도 언젠가 조직장이라는 위치에 올라가야 할텐데, 현재 그들만큼 잘 할 수 있을지 확신이 들지 않습니다.

개발자가 되기 위해 대학생 때 준비할 것은 무엇이라고 생각하시나요?

대학 전공서적은 꼭 영어로 된 원서를 보시는 것을 추천합니다. 만약 영어 해석에 어려움이 있더라도 시간을 들여 영어에 익숙해지시길 바랍니다. 원서를 보면 영어로 된 용어에 익숙해지게 되거든요. 개발자로 일하다 보면 정말 다양한 문제를 겪는데 이때 검색을 통해 답을 얻기 위한 적절한 단어를 사용할 수 있어야 해요. 그래야 빠른 시간 내에 원하는 지식을 얻을 수 있습니다. 그리고 새로운 기술을 배우려고 할 때 영어에 친숙해져 있어야 합니다. 예를 들어 invalidation, illegal, package, bundle, invoke, sync..등 한글로 바로 번역하기에 어색한 단어가 나올 텐데, 영어로 보면 오히려 편할 때가 많습니다.

전공 수업은 반드시 열심히 들으세요! 대학교에서 배운 것이 현장에서 일할 때 큰 영향을 주지 않는다고 생각하면 큰 오산입니다. 예전에 float(소숫점을 포함한 숫자 유형) 타입의 변수에 내가 코딩한 값이 정확히 들어가지 않아 고생했던 적이 있었어요. 대학교에서 float 유효숫자 상실을 만약 안 배웠었더라면 일주일은 넘게 고생했을 거예요. 이 외에도 대학교 때 배운 지식이 현업에서 유용하게 사용되는 상황이 종종 있습니다.

대학교에서 배운 지식을 평생 간직하는 경우는 흔치 않아요 하지만 문제를 마주하였을 때 '이거 배웠는데...' 정도로만 안다면 그 기억이 구글링의 가이드북이 되고, 이는 문제 해결에 결정적인 힌트를 줍니다. 현업에서 이 정도라도 긴가민가하게 기억하기 위해 전공 수업을 반드시 열심히 들어야 합니다!

고등학교 때는 지금의 장래희망을 가지고 계셨나요? 혹 가지고 계셨다면 동기가 있었나요? 그리고 진로를 이루기 위해 노력한 부분이 있으셨나요?

제가 고등학교 다닐 때인 2006년에는 프로그래머가 지금처럼 인기 있는 직종이 아니라 정반대로 3D 직업이었습니다. 매일 야근하고, 매일 공부해야 하고 확실히 좋은 인식의 직업은 아니었습니다. 그래서 장래희망이 개발자라는 건 생각조차 하지 못하였습니다. 어쩌다보니 컴퓨터공학과에 진학하였고, 프로그래밍에 흥미를 느꼈고, 또 어쩌다보니 운 좋게 SW 엔지니어가 대접받는 시대에 취업하여 재밌게 일하고 있습니다.

곰곰이 생각해보면 조향사가 제 장래희망이었습니다. 완전 엉뚱한 진로 선택이었죠. 하지만 큰 틀에서 벗어나진 않았다고 생각합니다. 내가 만든 서비스로 이용자가 즐거운 시간을 보내고, 내가 만든 제품으로 향기로움을 느낀다는 점에서 개발자와 조향사. 이 둘은 비슷하지 않을까 생각합니다.

혹시, 고등학교, 대학생 때 이런 걸 했었으면 하는 후회되는 것과 추천하고 싶으신 것이 있으신가요?

대학교 때라도 Macbook을 써볼 걸 하는 후회가 있습니다. 저는 어렸을 때부터 윈도우 운영체제에 길들여진 상태였습니다. 그러다보니 '컴퓨터는 모두 윈도우처럼 동작한다.'라는 가치관이 생겼고 이것이 운영체제를 공부하는데 큰 걸림돌이 되었죠.

윈도우는 운영체제 내부가 어떻게 돌아가는지 보여주지 않지만, 리눅스를 사용하다 보면 운영체제 내부가 어떻게 돌아가는지, (알고 싶지 않아도), 알 수 있습니다. 리눅스 이용자가 운영체제에 대한 이해도가 더 높을 수밖에 없습니다. 일하게 될 대부분 회사의 개발/서버 환경은 리눅스이기 때문에 리눅스에 익숙하다면 반은 먹고 들어간다고 생각합니다. 하지만 노트북에 리눅스를 설치하여 사용하는 것은 멋이 없으니 예쁜(?) 리눅스인 Macbook을 사용하면서 리눅스에 익숙해져 있다면 좋았을 거 같습니다.

7. 끊임없이 "즐겁게, 항상" 공부할 수 있는 매력

LG전자 로봇서비스 개발팀 강소연

> 대학 입학 때까지 컴퓨터 언어에 능숙하지 못하다며 (정시나 논술 전형 지원자들) 걱정하는 고등학생들이 많습니다. 대학(중앙대 소프트웨어학과, 특기자 전형) 입학 이후 이 때문에 겪었던 어려움은 없으셨나요?

 결론부터 말씀드리자면, 걱정하실 필요 전혀 없습니다. 저 같은 경우에도 입학 전에 컴퓨터 언어를 아무것도 한 적이 없었고, 기껏해야 대학교 진로 프로그램 같은 곳에 참가하여 실습해 본 수준이었지요. (코드만 따라 한 수준)

 대학교에 가니 이전에 정보올림피아드나 알고리즘을 한 경험이 있는 아이들도 있었고, 학교 입학 전에 학원에 가서 배운 애들도 있었고, 아예 베이스가 없는 친구들도 있었어요. 하지만 수업이 계속 진행될수록 처음 실력 차이는 좁혀지고 수업 극 초반엔 다른 친구 코드 복사 붙여넣기 하던 친구들도 나중에는 A학점을 받더라구요. 사실 예습보다는 수학적인 머리와 근성, 본인의 노력이 배우는 속도를 좌지우지하는 것 같아요.

 사실 디지털 미디어 고등학교 같은 특성화 학교를 나왔거나 어릴 때부터 정보올림피아드에 나갔던 친구들은 대학에 와서도 잘하긴 합니다. 하지만 그런 특수 케이스를 제외하고 대부분의 친구는 개발 경험이 없이 오니까 걱정하지 않아도 됩니다. 무엇보다 입시에 중요한 건 정규 교과과정이라고 생각합니다. 불안해하지 말고 본인이 선택한 입시전형을 믿고 나아가시는 걸 추천드려요!

> 취미로 할 수도 있었을 텐데 진지하게 컴퓨터공학과를 지원한 이유는 무엇인가요?

 수학이나 수리논술을 배웠던 것이 전공 공부에 도움이 많이 된 것 같아요. 실제로 알고리즘이라는 과목을 배우다 보면, 재귀함수를 배울 때 수학적 귀납법을 사용하게 돼요. 재귀함수를 처음 배우면 굉장히 어렵게 느껴지고 이해가 어려운데, 수학적 귀납법이라는 걸 이해하고 그대로 코드로 옮기면 쉽더라고요.

 이런 직접적인 경우뿐만 아니라 수학이 논리적인 사고를 하는 습관을 키워주는 것에서 도움이 돼요. 경우의 수를 나누고, 확실한 논리를 가지고 개발을 하는 습관이 있어야 에러가 없는 코드를 짤 수 있기 때문이에요. 하지만 컴퓨터공학 전공은 다른 공대에 비해 대학 수학 과목들을 수강하는 것이 적어요. 순수과학도 거의 배우지 않고요. 그래서 수학적 사고는 도움이 되고 중요하지만 전공 수업에 직접적인 수학 과목은 별로 없다고 말씀드릴 수 있겠네요.

학부 때 가장 좋았던 점과 아쉬웠던 점은 무엇인가요?

창업하고 싶어서 컴퓨터공학도의 꿈을 꾸게 된 케이스라 배우는 학문으로 실질적인 무엇을 만들 수 있다는 것이 가장 좋았어요. 실제로 창업동아리 활동을 하며 앱 개발을 해 마켓에 배포해본 경험도 있고요. 이 점이 컴퓨터공학의 가장 큰 매력이라고 생각합니다. 그리고 주변에 그런 꿈을 꾸는 친구들이 많아 마음이 잘 맞으면 같이 토이 프로젝트를 하기도 하고, 스터디를 하기도 하면서 재밌게 공부하며 놀았던 기억이 나요.

 아쉬웠던 점은 가장 기본적인 과목 자료구조, 데이터베이스, 네트워크 같은 과목들을 열심히 공부하지 않았던 거예요. 당시에는 노는 것이 좋아서 몇몇 과목들은 충실히 이행하지 않았는데 현업을 하는 지금에 와서는 그런 기초를 튼튼하게 다지는 것이 중요하다는 걸 느끼며 조금 후회하고 있습니다. 학부 때가 아니면 제대로 공부하기 어려운데 개발을 하다 보면 지식의 갈증을 느끼게 되는 과목들이거든요.

취업 과정이 궁금합니다. 특별히 지금 일하시는 회사에 관심을 가지게 된 동기가 있으신가요?

전반적으로 컴퓨터공학도들은 취업이 매우 잘되는 편이에요. 사실 제가 졸업할 때 경제가 너무 안 좋았고 요새는 또 코로나라 힘든 상황이지만 다른 분야에 비하면 개발자는 10배 정도

취업하기 쉽다고 생각합니다. 제 주변 같은 전공자 친구들은 대부분 졸업 전 또는 졸업 후 1년 안에 취업했습니다.

 저의 경우를 들려드리자면 저는 전공 공부를 등한시하는 학생이어서 졸업반이 되었을 때 너무 막막했어요. 전 개발에 재미를 못 느끼고 어려워만 했고 교환학생으로 사실 도망(?) 비슷하게 가서 학점을 채우고 왔거든요. 물론 교환학생은 너무너무 추천하지만, 그 시간 동안 동학급 학생에 비해 인턴 경험도 없고 프로젝트 경험도 부족한 상태더라고요.

 마지막 학기에 부여잡듯, 데이터베이스, 네트워크 같은 중요 과목을 겨우 듣고 졸업했어요. 개발 경험이 너무 부족하고 이 수준으로 취업해도 문제일 것 같았어요. 인생에 공부할 시기가 회사 들어가기 전이 마지막이라고 생각했고 (이 생각은 회사에서 근무한 지 1년이 된 지금은 바뀌긴 했습니다.) 삼성 청년 SW 아카데미라는 청년들에게 코딩교육을 장학금을 주며 해주는 프로그램에 지원하게 되었죠. 그 곳에서 대학 4년 동안 요리조리 피하던 개발을 제대로 마주하고 하루종일 수업 듣고 야자까지 하면서 열심히 개발했습니다. 취업을 준비하면서 개발 공부를 하는 그때가 정신적으로도 육체적으로도 힘들었지만, 지금에 와서는 제가 일하면서도 계속 공부하게 된 원동력이었고, 기본기를 제대로 닦는 귀한 시간이었습니다.

 지금 하고 계신 일은 어떤 일인가요? (대학 때 공부했던 내용이랑 연결되는 부분이 있다면? 아니면 새로 공부하는 내용이 있다면?)

 LG전자 로봇서비스개발팀에서 로봇을 원격으로 조정할 수 있는 웹/앱 페이지를 만들고 있어요. 물건을 쇼핑하고 결제를 하면 로봇에서 바로 배달해주는 시스템도 구축하고 있습니다. 내가 개발한 것들이 눈에 보이고 사람들이 사용하는 걸 보는 일은 매우 재밌고 즐거워요.

 물론 대학 때 배웠던 내용이 기초가 됩니다. 데이터베이스나, 자바 같은 객체지향 프로그래밍 언어 같은 경우요. 하지만 꼭 드리고 싶은 말은 개발하고, 소프트웨어를 하고 싶으신 여러분이라면 '평생' 공부해야 한다는 것은 각오하셔야 해요! 매년 새로운 기술들이 나오고 새로운 기술들을 잘 다룰 수 있는 개발자들을 요구하죠. 이 속도가 매우 빨라서 개발자는 '항상' 공부해야 해요! 어느 정도 범용적인 기본 지식이 쌓이면 기술을 체득하는 속도가 빨라질 순

있지만, 현재의 기술을 마스터해도 유행으로 치고 올라오는 새로운 기술에 민감하게 반응하며 적용해보고 미리 공부하는 자세가 꼭 필요합니다. 저도 개발을 싫어하던 학부생 때는 이것이 끔찍하게 느껴졌는데 지금 개발에 재미를 알고 나서는 재밌게 하고 있습니다. 근무 시간에도 공부하며 일할 수 있다는 게 어떻게 보면 좋은 직업인 것 같기도 하구요.

중고등학생, 혹은 대학생 중 코딩 새내기들을 위해 '이건 꼭 기억했으면 해'라고 하는 부분이 있다면 이야기해주세요.

 가장 기본적으로 저는 좋게 말해 디버깅, 속된 말로 "삽질"하는 것을 너무 싫어했어요. 개발에서는 뗄레야 뗄 수 없는 부분인데 말이죠. 삽질하는 시간이 시간 낭비라고 생각했고 누군가 답을 알려줬으면 좋겠는데 몇 시간씩 성과가 없이 오답을 전전하는 것이 싫어서 개발이 싫었어요.

 하지만 개발자에게 '삽질(큰 성과 없이 노력하는 행위)'하는 시간은 실력이 느는 시간이에요. 처음엔 길고 답이 없어 보일 수 있지만, 삽질하면서 하나씩 에러를 해결해가는 과정에서 실력이 점점 쌓입니다. 에러를 많이 볼수록 해결 방법도 많이 알게 되고 더 깊은 이해를 기반으로 개발도 하게 돼요! 코딩을 시작하신다면 이 점을 꼭 기억하셨으면 좋겠어요. 물론 무조건 고생하라는 것은 아니고, 고민을 해도 해도 안 풀릴 때는 누군가의 도움을 받는 것도 좋습니다. 하지만 그 고민하는 시간마저 없다면 다음에 똑같은 실수를 하게 될 거에요. 코딩을 시작하시는 여러분 삽질을 하고 있어서 좌절감이 든다면 그것이 잘 하는 거니 걱정하지 마세요. 그 시간을 통해 점점 늘어가는 본인의 실력을 느끼게 될 것입니다!

8. 27살에 배운 코딩으로 개발자가 되기까지

LINE Commerce 김도하 개발자 (네이버 블로그 Dolphago 운영자)

전공이 컴퓨터공학이나 SW 분야가 아닌 것으로 알고 있습니다. 그럼에도 불구하고 개발자를 꿈꾸게 된 계기가 있으셨나요?

전자공학과 출신이지만, 그 중에서도 SW 수업을 거의 듣지 않은, 하드웨어(반도체, 회로 등) 위주로 공부를 했었습니다. 평범한 취업 시즌을 맞이해서 자기소개서를 쓰는데 '내가 이 회사에서 ~를 해보겠다. ~것을 이뤄내겠다. 5년 뒤에는 나는 어떤 모습일 것이다.'와 같은 답변을 요구하는 문항이 있었어요. 그런데 그걸 적으면서 제 자신에게 진심이 안 느껴지더라고요. 막상 배운 것은 반도체와 회로지만 이걸 평생 업으로 삼기에는 그다지 흥미를 느끼지 못했습니다. 대학생 때는 이런 흥미와 재미를 떠나서 단지 장학금을 받기 위해 공부했었으니까요.

그래서 더 내가 하고 싶은 것이 무엇인지 찾고 싶었습니다. 내가 무엇을 좋아하고 잘할 수 있을 것 같은지 이것저것 둘러보고, 고민하는 시간을 많이 가졌습니다. 방황하는 시간을 보내던 중 낮잠을 자다 꿈을 꿨는데, (정말 뜬금없지만) 할아버지가 된 제가 레고와 모터, 칩을 가지고 조립하더니 코딩해서 무언가를 만들더라고요. 저는 그런 제 모습이 '프로페셔널하다.'라는 느낌을 받았습니다. 일상생활 속에서 원하는 것을 코드로 만들어 낼 수 있는 능력이 멋지다고 느꼈어요. 그렇게 자연스럽게 프로그래밍에 관심을 가지게 되었고 프로그래밍과 제 성격의 연결고리를 만들었습니다.

* 논리를 중요시하는 성격 : 코드는 거짓말을 하지 않는다.(에러는 항상 원인이 있기 마련입니다.)
* 공부를 꾸준히 하려는 성향 : 프로그래머는 평생 공부해야 한다.(신기술이 계속해서 나오기 때문이죠.)
* 호기심이 많은 성격 : 다양한 프로그래밍 분야(웹, 앱, AI, ML/DL, Image Processing, Embedded...)

정말 늦은 나이, 전공자 친구들은 모두 대학교 졸업했을 나이(27살 4월)에 뒤늦게 프로그래머가 되겠다는 꿈을 가졌습니다.

이 꿈을 이루기 위해 노력하셨던 이야기를 좀 들려주세요.

네이버, 카카오, 라인, 삼성, SK. 대기업은 모두 코딩테스트를 치르고 있었습니다. 대학을 졸업했던 늦은 27살 때 "Hello, world!"를 출력하는 것도 어색했던 상황이었거든요. 먼저 알고리즘을 공부해야겠다는 생각이 들었습니다. 동시에 학원을 알아보려고 서울 각 지역을 돌아다니며 4개의 컴퓨터 학원에서 상담을 받았었어요. 그런데 취업준비생이 감당하기에 어려운 비용이 필요했어요. 결국 독학하겠다고 결심을 하고, 집에 돌아와 Youtube, 블로그를 보면서 알고리즘을 공부했습니다. 핸드폰에 C++컴파일러를 설치해서, 오전에 공부했던 개념을 오후에 아르바이트하면서 틈틈이 간단한 로직을 구현하며 복습했었어요.

이 당시에 삼성 청년 소프트웨어 아카데미(SSAFY) 공고가 올라왔었는데, 돈도 주고 삼성 주관의 소프트웨어 전문 교육도 시켜준다고 하니, 저에게는 더할 나위 없는 기회였습니다. 다행히도 아카데미에 합격해서 반 배정 시험을 봤는데, 전자공학과라서 그런지 전공자 반에 배치가 되더라고요. 주변 친구들이 모두 컴퓨터공학, 소프트웨어 공학 친구들이었습니다. 친구들은 제가 보기엔 굉장히 멋진 git, linux, cmd 등을 자유롭게 다뤘고, 수업 내용도 복습하는 기분이라고 했어요. 저는 하나도 모르는데. 매주 시험이 있으니, 뒤쳐지면 안 되겠다는 생각이었습니다. 이때 "노력해서 성공한 사람으로 기억되는 것"을 목표로 가지고 열심히 살았습니다.

참고로 집은 수원이고 SSAFY 교육은 서울 역삼에서 진행되었어요. 이 때문에 오전 5시에 기상하고 7시까지 역삼에 도착해서 정규 수업시간 전인 9시 전까지 전날 배운 것과 알고리즘 풀이를 틈틈이 블로그에 올렸습니다. 그리고 쉬는 시간과 점심시간에도 알고리즘 삼매경에 빠졌습니다. 오후 6시에 정규 수업시간이 종료되어도 계속 공부를 하고 싶었어요. 보충수업이 있으면 무조건 신청했고, 없으면 야간 자율학습을 신청해서 오후 8시까지 남아서 공부했습니다. (저 혼자 야간자율학습을 한 경험도 종종 있었습니다.) 집에 가는 버스 안에서도 당일 배운 내용과 관련한 Youtube를 보기도 하고 못 푼 알고리즘을 고민했습니다. 정말 피곤한 날은 버스에 타자마자 기절을 하는 경험을 하게 되더라고요. (버스 종점에서 기사님이 깨워서 내렸던 적도 많았습니다.) 집에 도착해서도 마무리하지 못했던 알고리즘 문제를 더 풀다 잠들었던 것 같아요. 이러한 패턴이 매일 반복됐죠.

이렇게 매주 수업도 정리했던 덕분인지 전공자 반에서 제가 반 대표로 단상에 올라서 성적우수상을 받는 영광을 누리게 되었습니다. 그 뒤에 SSAFY 커리큘럼 속 프로젝트 경진 대회에서 우수상을 받았고, 전국 SSAFY 알고리즘 대회에서도 상을 받았습니다. 협업 경험을 더

해보고자 지원한 빅스비 프로젝트에서도 상을 받았고, AI를 활용한 프로젝트에서는 1등이라는 쾌거도 이뤄냈습니다. 조금씩 성장하는 제 자신을 발견할 수 있었습니다.

이후 인턴 경험도 거치면서 개인 프로젝트도 해보고, 짧지만 많은 실무 지식을 배웠습니다. 이후 실무 역량을 더 키우기 위해 개인적으로 책이나 인터넷 강의를 구매하여 공부했습니다.

 인턴은 어떤 부분에서 도움이 되었나요?

제가 했던 인턴(네이버 인턴)은 과제를 주어진 기간 내에 완성해오는 방식입니다. 매주 코드 리뷰를 받으면서 개선해야 할 점들을 알려주시면 스스로 공부하면서 프로젝트 수준을 업그레이드 하는 방식이었습니다. 생소한 기술들을 스스로 공부한다는 점에서, 그리고 과제가 주는 속성인 마감기한과, 매주 코드 리뷰가 이뤄지는 점에서 긴장이 풀리지 않는 날이 지속됩니다.

인턴을 하면서 가장 도움이 됐던 점은, 내 코드를 누군가에게 설명할 줄 알아야 한다는 것을 배웠습니다. 이 과정에서 그동안 원리를 알지 못한 채, '기능만 제대로 동작하면 됐지'라는 마인드로 프로젝트 개발을 해왔던 스스로가 정말 부끄러웠습니다. 인턴에서 느꼈던 교훈 덕분에, 저는 현재 제가 사용하는 코드의 동작하는 원리를 차근차근 공부하고 있습니다. 이러한 태도로 꾸준히 공부한다면 좋은 결과는 따라올 거라고 믿고 있습니다.

 코딩 테스트는 주로 어떻게 진행이 되나요? 이를 위해 어떻게 노력하셨나요?

우선 코딩테스트라는 것을 목적에 따라 구분해야 한다고 생각합니다.

만약 대회에 나가 수상하고 싶다면 대회용 알고리즘을 공부해야 합니다. 하지만 취업을 위한 기업 코딩테스트를 통과하는 것이 목표라면 전략적으로 움직이는 것을 추천합니다.

코딩테스트를 준비하는 것은 단기간보다 꾸준히 공부하는 것이 비법이라고 생각하고 있습니다. 저도 2020년부터 꾸준히 1일 1커밋[40]을 알고리즘으로 하고 있습니다.

돌파고님의 보물을 대방출합니다!!
대기업들의 코딩테스트를 모두 통과한 후 내린 분석 :
https://blog.naver.com/adamdoha/222152397666

늦게 코딩을 배워도 되는지 걱정하는 학생들이 많습니다. (입시를 앞둔 학생 중 코딩을 잘 모른다며..) 또는 전공에 합격은 했지만, 코딩을 잘 모른다는 학생들에게 '노하우'를 전수해주세요. ^^

코딩은 재미가 있어야겠죠! 재미가 있으려면 무언가를 만드는 것부터 시작해야 합니다.

시중에는 Cook Book이 많습니다. 따라 치면서 하나하나 만들어지는 화면과 내부적으로 동작하는 로직을 경험할 수 있습니다. 그렇게 모이고 모여서 하나의 서비스가 만들어지죠 이제 친구들에게 자랑도 하면서 내가 만들었다. 한 번 사용해봐. 라며 개발의 즐거움을 찾아보세요

그리고 그를 토대로 응용해서 내가 만들고 싶은 서비스를 또 만드는 겁니다. 그러면 내가 구현하고 싶은 서비스(예를 들면 스트리밍 서비스)가 기존 Cook Book엔 없는 내용일 수도 있습니다. 관련 내용은 인터넷에 찾으면 거의 나옵니다 ^^. 이렇게 하나씩 적용해나가며 개발 스택을 늘려나가는 겁니다. 그리고 업그레이드 된 나만의 서비스를 또 자랑하는 것이죠. 굳이 자랑을 안 하더라도 노력해서 만든 결과물이 뿌듯하겠죠 코딩을 잘 모르거나 걱정하는 분들에겐 직접 서비스를 만들어보면서 흥미를 찾아 나가는 걸 추천합니다!

대학에 합격하신 분에겐 우선 노는 걸 추천합니다. ^^ 그토록 열심히 공부해서 대학에 갔는데, 대학생 1학년은 자유롭게 놀아야죠 ㅎㅎ. (엄밀하게 말하자면 경직된 사고를 좀 유연하게 해주는 경험이라고 할 수 있겠죠 나름의 해석입니다.)

그리고 2학년부터는 전공 수업을 듣게 될 텐데요. 2학년 때부터 공부하는 내용은 지금 공부 안 하면 취업 준비를 하면서 많이 후회합니다. 피눈물 흘리실 수도 있어요. 사실 취업뿐만 아니라,

---

40) 매일 하나의 문제를 해결하는 것

취업하고 나서도 겪게 될 이슈들을 해결하려면 기본 지식이 정말 중요합니다. 그만큼 공부해야 할 내용이 워낙 많습니다. 코딩한다고 해서 프로그래머는 아니라고 생각합니다. 본인이 작성한 코드가 어떠한 원리로 동작하고, 기능의 확장성도 고려해보고, 서비스 측면에서 유용한지 등을 모두 고려할 줄 알아야 한다고 생각합니다.

우선 본인이 작성한 코드가 어떠한 원리로 동작하는지를 알아야 합니다. 예를 들어 개발자가 되면 http는 어떤 원리로 통신이 이루어지는지, 더 나아가 https와는 무엇이 다른지를 알아야겠죠. 전공 수업 열심히 공부하시면 실제 개발을 할 때 피가 되고 살이 될 겁니다.

고등학생들은 전공 학과에 진학하지 않으면 '실패'라고 생각하는 경향이 있습니다. 그러한 학생들에게 도움이 될 만한 조언을 부탁드립니다.

SSAFY를 다니고, 취업 준비를 하면서 S/W 분야로 취업을 희망하는 사람들을 만났어요. 경제학과, 경영학과, 생명공학과, 전기공학과, 영문학과 등등 굉장히 다양한 사람들이 있었습니다. 이들도 모두 학교를 졸업하고 나서 새로 공부하는 사람들이었습니다. 비전공자라는 꼬리표가 오히려 더 열심히 공부하도록 자극을 주는 것 같아요. 이분들은 모두 취업에 성공하셨고 대부분 대기업에 가셨습니다.

중고등학생, 혹은 대학생 중 코딩 새내기들을 위해 '이건 꼭 기억했으면 해'라고 하는 부분이 있다면 이야기해주세요.

'늦었다. 혹은 빠르다.'가 중요하다고 생각하지 않습니다. 과거가 중요한 것이 아닙니다. 프로그래머는 현재 프로그래밍 실력이 그 사람의 몸값이 됩니다.

'오늘은 내가 어제보다 얼마나 발전했는가'를 생각하며 오늘을 열심히 사시면 됩니다.

그러니 걱정하지 말고 일단 들이받으세요. 돌파하고 가는 겁니다. Dolpha & Go

"Done is Better than Perfect"

9. 협업과 소통이 숨 쉬는 Daily Stand up

Delivery Hero Korea 백엔드 개발자 유태원

현재 하는 일(백엔드 개발자)에 대하여 간단히 소개해주세요.

백엔드 개발은 업무의 범위가 굉장히 넓은 편이에요. 아주 단순하게 설명하면, 웹 서비스를 위한 기술 중 사용자의 눈에 잘 보이지 않은 대부분의 요소가 될 것 같아요. 대표적으로 프론트엔드에서 요청한 데이터를 생성하고 응답하는 일, 사용자의 인증과 권한의 관리, 데이터를 안전하게 보관하고 저장하는 것, 대용량 트래픽을 감당하기 위해 서비스와 성격과 규모에 맞는 구조를 설계하고 발전시켜 나가는 일 등이 있어요.

[용어 설명 - 프론트 엔드 개발자, 백엔드 개발자]

먼저 개발자는 역할에 따라 프론트엔드(Front-end) 개발자와 백엔드 (Back-end) 개발자로 크게 나눌 수 있습니다. 일단 프론트엔드 개발자는 SW를 구현할 때 고객을 가장 앞에서 마주하는 부분을 담당하는 개발자에요. 예를 들면 앱의 화면, 웹페이지 등을 설계하는 역할을 합니다. 그렇게 프론트 엔드 개발자가 만든 기능에서 발생하는 데이터 및 서버를 관리하는 역할이 필요한데 백엔드 개발자가 그 일을 맡습니다.

비유하자면 은행에서 고객과 마주 앉아서 처리를 해주는 영역을 담당하는 분들이 프론트 엔드 개발자, 고객이 보이지 않는 곳에서 일하는 역할이 백엔드 개발자라고 할 수 있습니다.

백엔드 개발자, 프론트 개발자의 역할의 차이와 필요한 역량들은 어떻게 다른가요?

백엔드 개발자이든 프론트엔드(혹은 네이티브앱) 개발자이든 서비스의 종류나 성숙도에 적합한 구조를 설계하는 것, 요구사항 기능을 정확하게 개발하는 것, 가독성과 성능의 균형이 맞는 코드를 작성하는 일은 동일합니다.

경험에 한정해서 생각해보면 클라이언트 애플리케이션 개발 일을 할 때는 고객의 사용성, 기능적 편의성에 대한 고민이 많았던 것 같습니다. 그리고 요구 상황 변경이 많은 편이어서, 이에 대응할 수 있는 유연한 구조를 만드는 것도 중요했습니다. 백엔드 개발의 일을 할 때는 데이터베이스나 캐쉬 등의 데이터자원을 효율적으로 사용하는 것에 대한 고민이 많습니다. 대용량 트래픽을 다루는 기술과 이상 요소를 감지하고 해결하는 모니터링과 위기 대응 역량도 필요하고요.

 협업 및 회의는 어떤 방법으로 이루어지나요? 어떻게 피드백을 주고받으세요?

저희는 기획직군, 개발직군, 검증직군이 모여 있는 작은 팀(Squad)으로 구성되어서 바로 옆자리에서 의견을 교류하고 이슈를 공유하고 문제를 해결하고 있습니다.

입사한 첫날 데일리 스탠드 업(Daily Standup) 회의에서 색다른 경험을 했었어요. 이 회의에서는 개발자들이 모여 업무 이슈를 공유하고 도움을 요청하기도 합니다. 이때 다른 동료들의 업무에 대한 이해도가 모두, 매우 높았어요. 코드 리뷰 문화가 활성화되어 있거든요. 오전 시간에는 코드를 생산하는 것이 아니라 동료들의 코드를 리뷰합니다. 리뷰를 공유하죠. 사람이란 실수를 반복하기 때문에 예전에 올렸던 내용에 대해 남겨진 동료들의 리뷰를 보면서 참고하기도 합니다.

 학생들이 대학에 진학하면 전공 지식과 실무 능력을 어떻게 동시에 키울 수 있을까 고민을 합니다. 이에 대한 꿀팁이나 원칙이 있을까요?

"비법은 없다"라고 말씀드리고 싶습니다. 개인적으로는 전공 지식 역량을 키우는 것에 무게 중심을 좀 더 두는 것을 추천하고 싶습니다. 간혹 주니어 개발자 면접을 보다 보면, 지원자들이

---

41) 웹 서비스를 만들기 위해서는 기획, 디자인, 퍼블리싱, 프론트엔드, 백엔드, 데이터베이스가 필요. 처음 기획에서 웹 서비스를 어떻게 만들지 스토리보드로 화면 설계를 함. 스토리보드에는 페이지 레이아웃과 어떤 내용이 들어가는지, 버튼마다 어떤 동작을 하는지 작성함. 또한 UX의 관점에서 전체 흐름과 레이아웃을 설계함.

핵심적인 전공 지식(운영체제, 네트워크, 데이터베이스, 프로그래밍 언어, 소프트웨어 개발 방법) 학습을 소홀히 한 채 면접에서 많이 물어보는 알고리즘 문제 풀이만 연습한 경우를 종종 볼 때가 있습니다. 전공에 기반하지 않은 문제 풀이는 확장성에 있어서 한계가 있을 수밖에 없어요. 이 때문에 전공 지식은 현장의 다양한 업무를 해결하고 지식의 확장에 필수입니다.

중고등학생, 혹은 대학생 중 코딩 새내기들을 위해 '이건 꼭 기억했으면 해'라고 하는 부분이 있다면 이야기해주세요.

좋은 코드를 읽는 것이 도움이 많이 됩니다. 오픈 소스의 시대라서 읽을 재료가 너무 많네요.

초 판 1쇄 발행 2021년 8월 1일
2쇄 발행 2022년 1월 1일

기   획   정동완
지 은 이   안샛별, 이동준, 김원우, 박상범, 서정민, 이성훈
펴 낸 이   꿈구두
펴 낸 곳   꿈구두
디 자 인   안혜숙 조현지

블 로 그   https://blog.naver.com/edu-atoz
이 메 일   edu-atoz@naver.com
홈페이지   www.only-edu.net
I S B N   979-11-91607-05-5